基于财务共享模式的风险防控研究

Research on Risk Prevention and Control based on Financial Sharing Model

高越月　董香兰　著

经济日报出版社

图书在版编目（CIP）数据

基于财务共享模式的风险防控研究 / 高越月，董香兰著．--北京：经济日报出版社，2022.10

ISBN 978－7－5196－1141－5

Ⅰ．①基… Ⅱ．①高… ②董… Ⅲ．①建筑施工企业－企业管理－财务管理系统－研究 Ⅳ．①F407.967.2

中国版本图书馆 CIP 数据核字（2022）第 132441 号

基于财务共享模式的风险防控研究

作　　者	高越月　董香兰
策划编辑	刘　畅
责任编辑	黄芳芳
责任校对	温　海
出版发行	经济日报出版社
地　　址	北京市西城区白纸坊东街 2 号 A 座综合楼 710（邮政编码：100054）
电　　话	010－63567684（总编室）
	010－63584556（财经编辑部）
	010－63567687（企业与企业家史编辑部）
	010－63567683（经济与管理学术编辑部）
	010－63538621　63567692（发行部）
网　　址	www.edpbook.com.cn
E－mail	edpbook@126.com
经　　销	全国新华书店
印　　刷	北京虎彩文化传播有限公司
开　　本	710 毫米×1000 毫米　1/16
印　　张	14.75
字　　数	192 千字
版　　次	2022 年 10 第 1 版
印　　次	2022 年 10 第 1 次印刷
书　　号	ISBN 978－7－5196－1141－5
定　　价	50.00 元

前 言

财务共享服务中心的风险管理是保证整个企业顺利营运的关键要素之一。而实施财务共享是一项长期而复杂艰巨的任务，受到各种因素影响，毋庸置疑也存在着诸多的风险。企业必须要对其中的风险问题提起高度重视，一旦有所疏忽会极大可能降低财务共享应有的高成效。对标世界一流公司，我国施工企业财务共享服务中心在运营情况、战略布局、职能范围等维度亦存在一定差异，风险管控能力亟待加强。基于此，本书主要以建筑施工企业为研究对象，从四个方面对财务共享风险防控进行了研究，具体如下：

1. 企业财务共享模式的系统功能及效果分析。论述建立财务共享服务中心的必要性，分析财务共享模式的特点和适用范围，探析财务共享服务中心的组织模式，通过实地调研、人员访谈等调查方法，从财务共享服务中心组织结构及工作职能、财务共享服务中心业务范围和财务共享服务中心业务流程三个方面，以建筑施工企业为研究对象，具体归纳财务共享服务中心的系统功能及效果。财务共享服务中心并不改变总部以及分支机构原先财务部的组织架构，而是分离了基础的财务核算和管理工作，整体的财务组织将划分为战略财务（总部财务）、业务财务（分、子公司项目部财务）和操作型财务（财务共享服务中心），并从费用报销业务板块、采购付款板块等模块梳理和总结相应功能。在调研的基础上，总结提炼中央企业财务共享服务中心在建设、战略布局、组织模式等方面的丰富经验，为后续的深入研究奠定基础。

2. 财务共享模式下风险点识别及分类。通过分析财务共享服务战略实施的四个阶段，评估阶段、设计阶段、实施阶段和完善阶段，提出人员和文化、流程和组织、技术和系统是成功实施财务共享的六个关键要素。界定了战略、组织和执行三个层次风险。明确了实施财务共享的目标设定，主要是实现企业价值最大化、控制风险和增进企业文化建设。通过实地调研和分析，识别A集团公司财务共享模式下的系统风险、流程风险等风险，从原有财务管理模式风险控制、财务共享服务中心本身和外部环境存在的风险因素分析风险产生的根源。

3. 财务共享模式下风险点评价。从风险评价指标选取的原则、风险评价指标选取与分类的依据、风险评价指标的选取和风险评价指标的确定四个方面构建财务共享服务的风险评价指标体系。在指标众多、关系复杂而且缺少足够的历史数据和权威系统的评价体系的情况下，选取模糊综合评价法构建风险评价模型，结合对A集团公司调查问卷所获得的数据，获取指标的重要性程度，得到综合评价结果，并完成财务共享模式下风险点类别和风险后果排序，发现组织变革风险的等级最高。

4. 财务共享模式下风险防控措施。首先，通过财务共享模式下风险识别与风险评价，从信息化环境、合同管理等十二个方面，具体总结归纳了财务共享模式下风险管理存在的问题，并针对性地提出了管控措施。其次，分别采用系统动力学仿真模型和传染病模型，构建了以集团管控为主体的系统风险预警模型，这有利于企业加强风险预警和危机防范，通过预警结果，及时采取措施应对风险。最后，通过财务共享服务中心的数据中心、监控中心、预警中心、数据分析中心等相互结合，为集团公司设计了智能决策引擎，可为企业提供实时、智能、高性能的决策。

编者

2021年12月

目　录

CONTENTS

第一章　引言

20世纪80年代，美国的福特公司率先实施共享服务。1993年，Gunn Partners公司的创始人Robert W. Gunn，Johnson & Johnson公司的David P. Carberry，GE（通用电气公司）的Robert Frigo以及DEC（中国东方电气集团公司）的Stephen Behrens首次明确了共享服务的思想，随后，共享服务在理论界和实务界得到了广泛探讨和深入实践。中国最早出现财务共享服务的时间是1999年—2004年，摩托罗拉、通用电气、埃森哲、惠普等外资企业先后在中国建立了共享服务中心。2005年，中兴通讯建立了中国企业的第一个共享服务中心，并获得成功。2013年12月6日，财政部以财会〔2013〕20号印发《企业会计信息化工作规范》（以下简称《规范》），该《规范》中明确提出："分公司、子公司数量多、分布广的大型企业、企业集团应当探索利用信息技术促进会计工作的集中，逐步建立财务共享服务中心。"一方面为了积极响应财政部的号召，另一方面为了提高企业的工作效率、降低经营成本，在众多分、子机构中采取更为合适的运营方式，国内各企业集团适应时代发展的潮流，借鉴西方资本主义国家发展的经验，开始实施财务共享服务模式。海尔集团、宝钢集团、华为、TCL集团等企业相继设立了财务共享服务中心，走上了财务共享服务的探索之路。从此，财务共享服务在中国进入了快速发展阶段，越来越多的中国企业希望借助共享服务模式来提升财务管理水平，实现财务转型。数据显示，在如今世界500强企业当中，超过半数的企业已经建立了财务共享服务中心，特别是排名靠前的世界100强企业更是几乎都建立了财务共享服务中心。根据中兴新云的统计与研究，截至2020年底，中国境内共享服务中心已经超过1000家。共享服务中心（SSC）指数在近三年内呈高速增长趋势。

由于我国财务共享服务中心起步较晚，理论知识不完善，财务共享服务中心的构建应该包含哪些系统，财务共享服务中心应当如何运行，传统财务在财务共享服务中心应该如何分割等等，这些都是困扰管理者的问题。如何建设运作成本合理，运作高效的财务共享服务中心更是成为国内企业会计信息化道路上一道难题。

近年来，财务共享服务中心的建设与运营风险亦引起了学者和业内人士的重视，在财务共享服务中心导入前的选择、导入后的运作和管控的整个过程中，均存在一定的风险，如系统选择不当、项目团队能力不足、高管层参与度不高、主要使用者参与度低、缺乏训练与指导、不当的企业流程再造、缺乏管理性的指引、无效的项目管理技术、不当的变革管理、缺乏咨询服务、系统供货商的稳定性不佳与战略规划不合理等。财务共享服务中心串联整个企业功能，疏于风险管理，很可能会导致企业巨额亏损。因此，财务共享服务中心的风险管理是保证整个企业顺利营运的关键要素之一。对标世界一流公司，我国施工企业财务共享服务中心在运营情况、战略布局、职能范围等维度亦存在一定差异，风险管控能力亟待加强。

实施财务共享是一项长期而复杂艰巨的任务，受到各种因素影响，毋庸置疑也存在着诸多的风险。企业必须要对其中的风险问题提起高度重视，一旦有所疏忽会极大可能降低财务共享本应有的高成效。因此，本项目首先对财务共享风险问题开展线上和现场两种方式的调研活动。线上调研从两方面入手：一方面，通过查阅相关新闻报道等互联网信息、查找相关期刊论文以及著作等多种途径，搜集有关财务共享服务中心以及风险管理的资料，并进一步归纳和总结，为后续研究提供坚实的理论基础；另一方面，从风险管理的角度，对不同行业、不同区域企业的财务共享服务进行线上调研和统计分析，挖掘不同行业财务共享先进经验作为典型案例，有助于让财务共享的实施应用更加稳妥与顺利，也能更加直接快速地帮助企业达到降本创收的目标。为了更深入了解财务共享模式下的风险管控，本项目选择建筑行业，以 A 集团公司为对象展开现场调研，具体包含内部调研和外部调研。我们期望通过报告为正在探索共享服务之路的 A 集团公司集团等建筑企业提供切实的借鉴和前瞻性的思考。

第二章　文献回顾与理论基础

一、文献回顾

财务共享的实施也并非一帆风顺，在实施的过程中可能会存在一定的风险。Curtis Miller 基于内部控制的理论基础对企业实施财务共享可能存在的风险表示了自己的看法，他认为管理层需要关注流程风险、人力资源风险和管理风险[1]。Ning Suand Rama Akkiraju 对于财务共享实施的优劣进行了分析，得出了实施财务共享可能会造成员工积极性降低、组织运行僵硬、缺乏沟通等风险问题[2]。Martin Fahy 经过数据收集和调查研究发现：流程设计管理、战略规划、组织结构、地址选取决策、服务水平等会较大程度影响财务共享的实施效果[3]。Derven 认为信息技术、人员构成、组织结构、战略规划等都会对财务共享的实施造成重要的影响，是企业实施财务共享过程中的关键点所在[4]。

（一）财务共享服务中心的内涵

国外学者对财务共享的研究主要是建立于共享服务的基础上。共享服务在财务领域的运用便是财务共享。因此，两者之间既有相通之处也有区别之处。

共享服务的理念最早是由 Robert 等人提出的。他们将共享服务理念定义为一种新型的管理思想，其本质是资源的共享，它的目的是增强企业的核心竞争力[5]。Donna Keithand Rebecca Hirschfield 指出共享服务是将企业内分散但存在内在关系的业务进行了有效的整合，并且提供付费服务，从而增加了企业自身的价值[6]。Bergeron Bryan 在《共享服务精要》中指出将母子公司相同或者相似的业务集中到一个单元部门中解决不仅可以节约成本、提高工作效率，而且可以增强企业的组织调控能力，增强企业的竞争力[7]。

随着共享理论的不断发展，财务共享的理念被很多学者进行研究。RHGertner 等基于内部资本市场的视角分析了财务共享模式在企业公司中的应用。他们指出财务共享的实施可以使市场业务内部化，从而降低市场成本，增强企业总部对下属子公司的监管作用[8]。UweKagelmann 指出财务共享的理论基础是业务流程再造理论。财务共享是通过将财务管理职能集中起来从而形成规模经济效应以达到降低成本的目的，并且使得资源配置方式更加优化[9]。GStathis and FMartin 指出财务共享的实施可以突破地点的限制，将不同区域、不同地点的资源和业务整合到统一的服务中心进行处理，从而达到降低运营成本、加强管理的目的[10]。Amin 通过对三河区议会和沃特福德市议会实施财务共享的效果进行分析，分析发现财务共享的实施使理事会的成本得以降低，财务数据的透明度得以增加。因此，Amin 认为财务共享的优势在于降低成本、提高效率[11]。

国内学者李少武等认为信息技术与业务流程理论是财务共享的实施基础[12]。财务共享是以优化流程规范、提升流程效率、降低运营成本或创造价值为目的，采用市场化运营模式为集团内部和外部顾客提供服务的新型管理模式。它超越时空的限制，将原本由各个分支机构进行的会计核算集中到共享服务中心进行统一处理。张庆龙认为财务共享的本质是共享服务理论在财务方面的应用[13]。财务共享是将大量重复、易于标准化、流程化的会计业务从管理职能部门中剥离，然后集中到财务共享服务中心这一独立的个体中进行集中化、标准化的处理。财务共享的实施目的是提升效率、降低成本、加强集团管理、提升企业价值。程平和赵敬兰指出财务共享是一种适用于多层级集团企业的新型管理方式。企业可以通过建设财务共享服务中心的方式实现企业财务业务的规范化、统一性，并且能够降低管理成本、提高业务效率和风险管控能力[14]。胡靖认为财务共享的实施是企业战略的一部分。企业通过实施财务共享将基础会计核算、财务管理、内控合为一体[15]。童辰琛和历妍认为财务共享服务的运营是以管理的集中化和系统的自动化为基础的，以财务人员的转型和思想的转变为手段，来提高财务服务质量和效率[16]。张敏认为集团财务共享服务是指集团公司以信息技术发展为依托，以流程再造理论为基础，以优化组织结构、规范流程、提升流程效率、降低管理成本或带来企业价值为目的，从市场角度出发为客户提供专业化财务服务的新型管理模式[17]。

本研究认为共享服务是指企业将自身业务流程中相对重复的、能够进行标准化的业务内容整体转移至一个独立的流程化的业务模块中，并将这些业务进行归纳整合。该独立的业务单元可以利用信息技术，对人力、物力资源进行合理的整合分配，替代企业的分支机构中具有重复性的基础性的业务部门来进行工作，从而促使企业能够更好地利用自身资源去进行新产品新技术的研发，更好地实现企业战略目标，为企业创造更大的价值。共享服务就是指这种能够替代重复性和基础性较强的业务部门职能的业务模块，企业实施共享服务主要是为了降低经营成本、提高运作效率，使企业有更多空闲的人力物力去实现更重要的价值。

（二）财务共享服务中心的关键要素

财务共享服务主要是共享服务的衍生产品。财务共享服务是一种新型财务管理模式，它是基于企业的财务结构已经较为稳定的前提下所创造出来的管理模式，其主要目的在于将企业集团的各分、子机构中具有重复性高、可流程化等特点的大量基础性财务核算工作分离出来，重新聚集到一个统一的业务单元之中，即财务共享服务中心，从而释放企业更多的财务方面的人力财力资源去进行具有更高价值的财务分析管理工作中去。企业可以以此实现流程再造，达到业财融合，从而提高企业服务质量，公司更加有效地利用管理会计，进一步地提升公司的价值创造能力，进而提高企业整体经营决策水平。

Triplett and Schulman 指出流程再造理论运用到财务共享服务中心后，能够通过将流水性的、重复性的工作进行整合，提升企业资源的利用率，为企业达到规模经济节约成本起着重要的作用[18]。Frawley 实施相关研究后指出，运用财务共享服务中心，便需对企业流程进行重构与规范，使业务流程变得更为简化[19]。Janssen and Joha 认为财务共享服务中心的关键影响因素为财务共享服务中心的战略、业务内容、流程设计和信息系统以及全员的观念变革[20]。Daniel C and Melchior Jr 在《服务共享：管理者之旅》中认为财务共享服务中心在设计与实施过程中，在共享服务中心的选址、组织结构、流程、费用分摊方面十分重要[21]。Derven 认为实施财务共享服务的关键主要在于以下方面：企业使命与客户目标一致、企业知识管理水平不断提高、财务及业务流程标准化以及科学合理的绩效考评等[22]。Martin 通过调查问卷的形式对财务共享服务中心的事实关键因素进行了调查，通过回归分析得出对财务共享服务中心成功实施的关键因素主要有选址、战略规划、流程管理、变革管理、组织结构及客户的服务水平协议六大因素[23]。Squilla 指出，财务共享服务中心不但是一种整合和强化组织行政职能的部门，更需基于企业的财务交易活动，成立专业化、面向内部或外部具有财务业务完成需求客户提供服务的组织或团体，对企业财务共享服务中心运营管理进行优化[24]。

陈虎等通过进行问卷调查，总结了在财务共享服务中心的成功构建中最为关键的几个因素，这几个因素分别为业务流程再造，制度流程标准化，信息系统自动化，人员激励与管理等[25]。何瑛和周访通过问卷设计的形式分析了我国已经实施财务共享服务如海尔、中国移动、中国电信等企业集团的基础上的，基于流程再造理论对财务共享服务的关键因素进行了分析，得出结论认为文中研究的关键因素由大到小对财务共享服务的影响排序为战略规划、信息系统、流程管理、组织结构、绩效管理、人员管理[26]。王秋萌和袁路斯通过以实际企业在财务共享服务中心运行实施过程案例进行分析，认为在目前中国财务共享服务实施的环境方面，有法律因素、现代企业制度因素、流程执行不到位因素三个因素影响了当下财务共享服务中心的运行实施[27]。杨寅和赵立彬通过运用结构方程 SEM 模型理论对财务共享服务进行实证分析，认为信息系统、组织结构、管理制度与流程设计这四个关键因素与财务共享服务建设的目标呈正相关[28]。张媛媛在论文中对人员管理、绩效管理、流程管理、战略规划、组织结构、信息系统等关键因素进行了详细的阐述，并且从实际经验出发，分析了各项因素之间的关系[29]。胡嘉等认为，在财务共享服务中心领域新的关注焦点在于统一架构、制造商特征以及业务属性。财务共享服务中心从原先的系统模块中分离出来，构建成一个统一的平台，并具有统一的标准接口与数据标准，针对各类不同的功能实施模块化设计让不同的功能皆能够进行自由定制，让平台架构表现出显著的可扩展性以及灵活性[30]。

财务共享服务的核心要素包括四项。第一项是组织架构。在实施财务共享服务后，企业集团应当根据自身的实际情况，对组织架构进行更为合理明确的划分，明确不同职能部门之间的边界，进而促使企业更有效地将基础财务核算工作与财务管理分割开，有利于财务共享服务作用更好地实现。第二是运作流程。实施财务共享服务就是对企业进行流程再造，将企业的业务与财务相融合，其实施的关键基础就在于合理统一的流程标准，科学合理、专业化的业务流程设计可以更好地促进财务共享服务的实施，提高财务共享服务的质量。第三是信息技术系统。企业实施财务共享服务是要建立在完备的信息技术系统的基础上，如今信息技术的高速发展为财务共享服务的发展提供了良好的条件。建立在完备的信息技术平台上的财务共享服务可以更有效地降低人工成本，并且能够减少财务工作人员人为原因的计算、操作错误，提高核算的正确性，进一步提高业务处理效率。第四项是管理制度。企业财务共享服务中心建立与运营效果很大程度上取决于管理制度是否完善、合理，规范的管理制度可以有效帮助企业解决实施财务管理模式变革时产生的种种问题。

所以，企业亟须从四个核心要素对财务共享服务进行优化改进，从而使得财务共享服务中心得到更好的运营，实现其作用，为企业进一步发展带来机遇。

（三）财务共享模式风险研究

何瑛对财务共享服务组织模式及其风险进行剖析，指出风险管理时间持续长久，因此应预测风险区尽早识别，并从战略层面、组织层面和执行层面三个层次划分风险[31]。张复生从COSO风险管理框架出发，认为在风险管理的过程中，需要重点关注战略目标、系统流程、人才队伍等环节，应密切关注其发展动态，避免转变为现实风险[32]。翟文军指出风险管理工作会不间断地存在于日常经营活动中。尤其是当公司组织结构出现不合理的变革，会影响利益划分，有引发内部冲突的风险存在，导致变革工作难以推进[33]。何瑛认为风险是无处不在的，由于目标执行、模式选择、职能定位、流程设计、系统集成等方面的不恰当选择，都是潜藏在财务共享运营过程中的风险点[34]。姚丹靖等指出，包含人员转型风险、系统出错风险、业财分离风险、流程管理风险、信息传递风险和人员操作风险在内的都可被认为是财务共享现存风险[35]。胡靖认为应尽快建立有效的风险管理机制，加强对资金管理、费用审核、信息共享等方面的重点控制[36]。郭高路认为关键风险因素目前主要体现在财务共享模式运用、人员变动、组织内部管理、业务流程体系、IT信息平台这几个方向的研究上[37]。寇武强将财务共享风险划分为内部风险和外部风险，研究方法是曼陀罗分析法[38]。宋明桂综合国内外学者观点后，将现阶段财务共享服务的风险大致分为战略规划风险、组织管理变革风险、流程变革风险、系统建设风险、法律税务风险，并依据这几大类风险问题提出了风险应对的建议[39]。

（四）研究述评

在对国内外各类文献研究学习的基础上看，共享服务最早于1993年由Robert Gunn等提出，1997年Moller将共享服务引用到财务领域，自此，财务共享服务中心正式成为众多学者研究的对象。财务共享服务中心在国外发达国家已经有30多年的研究历史，国外学者从多个角度对财务共享服务中心进行了实验归纳总结，通过具体的数据和案例验证财务共享服务中心实施应用的成效，研究内容涉及十分广泛与深入，有着丰富的研究成果。在财务共享服务中心的研究中形成了以内涵、关键要素、流程管理、资源配置与实践应用为一体的理论体系。

而我国迈入这一领域是在90年代末，稍晚于国外，研究方法、内容与成果还不是很成熟。近几年，随着我国经济高速高质量发展，各企业迅速变大变强，财务共享服务中心也随之不断发展，越来越多的学者对财务共享服务中心进行了学术理论研究。研究对象主要为我国企业财务共享服务中心的创建与应用，并从概念、影响要素、共享模式、实践应用等几个方面得出研究结论。国内外研究学者多以文献研究、调查问卷、案例分析为主，通过实践验证理论，在实践中查找问题、分析问题、解决问题，在企业构建应用财务共享服务中心时重点关注产生重要影响的关键要素。同时，在学习国内外各类相关文献后，总结各企业财务共享服务中心的创建历程，大都是以提高服务质量、提高工作效率、规范业务操作、降低成本为目的，从而支持企业做出正确的战略决策，保证企业可持续发展。

从目前研究中还能看出，我国目前主要的研究方向为财务共享服务中心的设计、构建与应用，关于财务共享服务中心创建应用后预警机制的建设方面研究相对较少，针对财务共享服务中心的建设、应用、预警和评估的内容还比较笼统，没有详细地指出具体做法和可行性方案。

二、理论基础

（一）业务流程再造理论

1990 年，美国管理学家 Michael Hammer 提出了业务流程再造理论（简称 BPR），目前学界公认的最有权威的定义是：企业对于业务流程进行本质上的思考和彻底的变革，以使企业在成本、服务、质量等绩效方面不断优化。包括四个核心问题：对基本问题进行反思；彻底性地重新设计；显著的进展；重要的要素流程。业务流程再造是企业变革的一种有效的方式，通过业务流程再造可以提升企业的核心竞争力，保持稳定长远发展，追求规模效益最大化。

财务共享服务中心将流程再造原理运用于整合重复性高的财务业务上，通过业务流程的拆分重组，建立一套标准化的业务流程。财务共享服务中心对于流程再造理论的运用不单单是寻求流程整体最优结构，理论上还要求新设计的业务流程适用于企业旗下所有子公司的特定财务业务。

业务流程再造是企业构建财务共享服务中心的必经之路，是支持财务共享的重要理论依据，财务共享的基本内涵就是通过业务分解、分析、整合、重塑的过程，解决繁冗、重复、分散、低效的日常业务。众所周知，业务发生在前，财务处理在后，所以实施财务共享服务中心必定是要依托于企业业务流程的优化变革，以提高整体的运营效果。共享服务中心最核心的管理就是对业务流程的管理，流程再造的合理性直接影响财务共享服务中心实施的效果。

为顺利实施财务共享服务，业务流程重新设计的重点在于彻底地反思企业存在的基本问题和员工需求，简化和标准化重复冗长的流程，必要时重设组织结构，以确保服务和工作效率。具体实施时，可以分为五个步骤：确定流程再造的业务对象；分析诊断再造流程的症结所在；重新设计合适的流程；结合财务共享实施试运行；不断优化完善方案。

（二）组织结构扁平化理论

组织结构扁平化理论是集团企业为提高工作的管理和执行效率，扩大规模效益而产生的一种新型管理模式，集团企业内部通过减少管理层级、精简工作人员的方式缩短纵向复杂的管理流程，上下级快速传递内部信息，加强管理者和执行者之间及时有效地沟通，从而强化集团内控。

根据扁平化理论，企业可以通过减少管理层上下游层次的数量来加快信息在各个层级传递的速度来提升企业运营效率。由于大型企业一项决策的下达会经历很多层次人员，其中一部分人员是与这项决策无关的，扁平化管理就是将这些不必要的层次删除，使与决策相关的人员能够迅速接收到决策指令，上游的人员也能及时收到下游员工的反馈，扁平化理论对于大型企业来说是必要的。往往一项指令的完成时间影响着这项指令的运行质量。在竞争激烈的市场环境中，一分一秒的差距都会造成不可挽回的损失。基于扁平化理论，企业财务共享服务中心独立于其他部门单独受总经理领导，迅速执行总经理的指令，及时反馈信息，便于总经理进行决策。

财务共享服务中心的构建正是组织结构扁平化理论的巧妙应用，在传统的组织结构模式下，企业层级多，中间过程繁琐多余，决策机制不灵活，不利于财务共享服务中心的实施。财务共享服务中心的实施是以用户在财务方面的需求为中心，通过整合资源，以提供便利化、简易化和专业化的服务，财务共享服务中心归根结底是一种变革后的高效率的财务管理模式，财务管理作为企业管理的一个分支，为了达到既定的目标，必定离不开高效的管理机制的支撑。

通过以上分析，财务共享服务中心和组织结构扁平化是相辅相成，共同促进的，“强强联手”进一步增强了企业集团的管控力度和工作效率，为企业可持续发展提供了更加坚固的基础。

（三）资源优化配置理论

资源优化配置的关键是“配置”，在资源总量不变的前提下，本着解决问题、权衡利弊的目标，根据实际情况，将现有的资源进行重新安排和再分配。着眼点在于“优化”，其判断标准是看再分配后的资源利用是否提高了工作效率，为企业创造了更多的价值。结合市场优胜劣汰的机制，不断淘汰不符合企业集团发展的资源配置方式，在不断替换多种资源配置方式的过程中，实现资源的合理配置，效果最优。

财务共享服务中心的实施就是在财力、人力和物力不变的基础上，通过对其进行合理配置和持续优化，为用户提供更满意的财务服务，其目的和方式与资源优化配置理论不谋而合。具体表现为：第一，财务共享服务中心的设立解决了企业集团原有组织资源分散、效率低下的窘况，集中管理、合理分配原有资源，不仅提升了财务人员的专业技能，还有效提高了资源利用率。第二，财务作为企业资源的核心，实施共享服务本身就连带了企业各类资源的集中整合，起到了辐射作用，为企业在战略竞争上争取了优势。

（四）财务管理理论

财务管理是在一定的整体目标下，关于资产的购置（投资）、资本的融通（筹资）和经营中现金流量（营运资金）、以及利润分配的管理。财务管理是企业管理的一个组成部分，它是根据财经法规制度，按照财务管理的原则，组织企业财务活动，处理财务关系的一项经济管理工作。财务共享服务中心是顺应时代要求新生的一种新型财务管理模式，财务管理理论是实施财务共享服务中心最重要的理论依据。

（五）集团管控理论

集团理论认为集团之所以成立是为了实现一个组织的规模效应和协同效应。为了实现协同效应，集团需要对下属子公司的各个方面进行管控。财务共享的实施就是为了实现财务方面的协同效应。财务共享服务管理模式就是将子公司财务方面的权限上收，从而可以大大降低集团财务管控成本，内部控制也可以得到加强，从而实现集团的规模效应和协同效应。

（六）风险管理理论

财务共享的实施也并非一帆风顺，在实施的过程中可能会存在一定的风险。Curtis Miller 基于内部控制的理论基础对企业实施财务共享可能存在的风险表示看法，他认为管理层需要关注流程风险、人力资源风险和管理风险[1]。Ning Suand Rama Akkirajuetal 对于财务共享实施的优劣进行了分析，得出了实施财务共享可能会造成员工积极性降低、组织运行僵硬、缺乏沟通等风险问题[2]。Martin Fahy 经过数据收集和调查研究发现：流程设计管理、战略规划、组织结构、地址选取决策、服务水平等会较大程度地影响财务共享的实施效果[3]。Derven 认为信息技术、人员构成、组织结构、战略规划等都会对财务共享的实施造成重要的影响，是企业实施财务共享过程中的关键点所在[4]。

我国学者何瑛认为对于财务共享实施的风险防控是一个持续的过程，必须有效地预测风险、尽早地识别风险。并且，何瑛将财务共享的实施风险归纳为战略层、组织层、执行层三个层次[40]。陈虎和李颖园将财务共享服务中心所面临的风险主要分为管理风险、战略风险和技术风险。人员变革、组织变革会带来管理风险；财务共享服务中心的选址、业务范围会带来战略风险；流程的变革、信息系统的建设会带来技术风险[25]。王秀萍和张添翼认为财务共享模式存在适应能力不足、存在系统性风险和合规性风险、不利于员工发展、无法拓宽员工的业务视野等问题[41]。姚丹靖等认为实施财务共享主要存在六方面风险：人员变动风险、业务与财务分离风险、流程管理风险、信息安全风险、系统性错误风险、人员操作风险[42]。张庆龙认为财务共享的实施可能会引起较大的税务风险。会计人员被集中到财务共享服务中心处理会计业务后，下属企业不再设置基础会计。这种方式下，也带来了很多问题，会计人员不再与下属公司的地方税务局接触，由此带来了会计人员对税务政策的变化反应迟钝。这可能会引发税收优惠难以申请的情况，加大了企业的税务成本[13]。寇武强基于《塞班斯法案》的基础对实施财务共享引起的风险进行判断，他认为主要可以分为内部风险和外部风险。内部风险有财务报表风险、资产安全风险、信息安全风险及道德风险；外部风险有政治风险、法律风险和税务风险[38]。杜增龙认为由于财务共享自身的复杂性和系统性，生产型企业受自身条件的影响在实施财务共享时会遇到模式定位风险、组织架构设计风险、流程管理风险、人员管理风险、信息系统和选址风险等[43]。

风险管理理论认为企业应当将面临的各种风险进行分类，然后由具体的部门进行统一管理。企业要想实现风险管理首先需要构建风险管理框架，其次需要建设相应风险管理文化，然后需要采用有效的风险测量方法对所存在的风险进行评估，最后企业要增强风险意识，采取有效的风险管理对策进行优化。

对于实施财务共享的企业而言，企业需要建立健全的风险管理体系，充分运用好定性和定量分析法识别出企业所面临的风险并对风险进行分类，然后根据识别出的风险提出相应的防控对策，以达到降低风险的目的。

第三章　企业财务共享模式的系统功能及效果分析

一、建立财务共享服务中心的必要性

（一）传统财务管理模式下存在的问题

1. 层级多，管理跨度大，项目组织人员分散

以A集团公司为例，截至2020年10月底财务人员数量占到总员工数的1/15，远远超过国内的施工企业同行甚至国际同行。但是，从另一个角度看，面对众多的核单账号和银行账号，每一个账套或每一个银行账户所配备的财务人员还不足一位，反而面临着人手不够用的情况。因此，管理跨度大，机构分散，人数多但仍不够用成为施工企业面临的困境。

2. 执行力弱

总公司执行的是四级法人三级治理结构模式，其中四级法人是指总公司、股份公司、集团公司和工程公司，三级治理是总公司、集团公司和母公司。但实践中的跨度是总公司下一级是区域总部，区域总部下一级是局指，局指下一级是工程公司，工程公司下一级还有项目部，层级交叉，跨度加大，即便是一个制度文件，在半个月左右的时间都无法实现从总部到基层的传递，大大削减了执行力度。

3. 内控制度执行不到位，风险防范弱

即便财务人员的管理制度、财务制度的管理制度、轮岗回避交流都有设立，但鉴于机构规模小，使得相关财务人员有机可乘，造成财务危机，导致财务风险加大。因此，财务共享不光是企业财务信息化的手段，还是企业财务转型的平台。

4. 加强财务管控的需要

财务转型是建立财务共享服务中心的最基本基础，同时还要加强人才基础和数据基础等。

（二）财务共享服务中心的优势

财务共享服务中心是建筑企业强化内控管理机制、提高关联业务效率、提升财务管理水平的可能重要抓手；依托互联网、移动终端与电子商务等信息技术，将不同组织和部门中的财务业务集中到一个共享服务中心进行统一处理和报告；是以财务业务流程处理为基础，以优化组织结构、规范系统流程、提升流程效率、降低运营成本、强化决策支持、创造企业价值为目的，为内外部客户提供专业化、标准化服务的管理模式；同时，也是为建筑企业储备财务人才资源的部门。其具体优势主要有以下几点：

1. 提升财务的独立性

会计信息失真，信息质量不行，很大的原因在于财务的独立性不够。比如在项目执行方面总会计师要服从项目经理的安排，在工程公司要服从工程公司董事长的指令，而总会计师在共享服务中心的级别直接是属于局机关的下一级，财务的独立性得到提升。

2. 信息集成可实现共享

通过云平台等信息技术手段，财务共享服务中心实现对接本集团成本、材料等业务板块，建立信息共享机制，节约数据收集时间，打破了空间的局限，提升了团队的协作效率，使财务部门及时提供所占各项开支数据的对比分析，使各业务、部门、各单位之间成本控制信息、降本增效手段实现互通共享，交流优质的采购资源，借鉴先进的管理理念，达到开源节流，提质增效的目标。

3. 有助于财务转型

财务共享服务中心实现财务服务集中化，提升信息集成水平，加快会计职能从“重核算”到“重管理决策”，利用财务管理这个“看得见的眼睛”“管得住的手”，将内部控制制度植入系统中，进一步提高企业内部管控能力，进一步实现降本增效，集中力量办大事，有效助力企业高质量可持续发展。

同时，通过共享服务中心逐渐使项目上基础性的财务工作，比如记账、资金收支、单目标编制、报表编制等得到释放，促使项目上的财务人员深入到业务宣传，进一步有助于实现业财融合，比如说合同评审、物资采购、税率选择、供应商选择、PPP 融资模式落地、项目落地、设计解决方案等，最终把机关财务转成战略财务。

4. 有助于降本增效

通过统一标准、统一流程、统一操作等方式实现“业务规范化、单据标准化、控制实时化、入账自动化、服务共享化”，规范化的应用提高了工作效率。

5. 有助于风险防控

通过完善以风险管理为导向的内部控制体系建设，以风险预警、风险应对、管理报告等手段来管理流程，将报销规则、资金支出办法、财务核算规则等制度嵌入审核流程中，实现业务全流程风险防控。

总之，财务共享服务中心可实现财务会计科目统一、审批流程统一、管理制度统一和审批标准统一；是构建财务数据共享、集中支付、协调运作，降低财务及涉税风险、提高财管管理工作效率与质量水平的财务管理新模式；以实现财务管理效益最大化为目标，促进企业集团可持续发展与进步。

（三）企业发展内生驱动因素

21 世纪，我国企业集团如雨后春笋般地涌现出来，特别是党的十七大报告强调了“鼓励发展具有国际竞争力的大企业集团”之后，一批大型的企业集团快速成长起来，形成了多行业、跨地域、多层级的大型企业集团，成为支撑中国经济的脊梁。企业集团在发展过程中，不可避免地经历业务规模扩张、收购、兼并、新业务拓展、部门分离等，导致企业内部各机构或者机构的部分职能存在一定的重叠，传统的行政及业务支持部门往往重叠设置，即集团总部组织和下属成员企业的组织具有高度的一致性，下属成员企业与下属成员企业之间的内部机构设置又具有高度的相似性。由于管理层次过多，集团从上到下的决策执行力度、管理效果不一。企业集团建立财务共享服务中心后，可以通过将大量分公司或者子公司的会计运营工作集中到一个或多个机构中，实行会计处理的规范结构化“生产”从而大幅度降低运作成本。

企业集团分散在全球各地的业务单位处理标准不同、财务管理人员要求不同、管理方式和管理规则不统一等情况给企业管理尤其跨国公司的管理带来了很多难题。如2004年中航油集团新加坡子公司财务危机事件、2004年华源集团财务危机事件、2008年中海集团韩国釜山公司的“中海资金门事件”，严重制约了企业集团的健康发展。财务共享服务中心为集团管控水平的改进提供了一个理想的平台和工具，集团公司能够随时获取分/子公司的财务经营结果，并基于财务共享服务中心产生的数据及时进行财务分析。财务共享服务能够实现企业内部信息的快速传输和有效交流，使企业财务流程和业务流程紧密联系起来，运转更为顺畅。

通常，随着财务共享服务中心的建立，新的财务组织架构和业务流程处理模式能较为现实地为企业带来包括成本节约和效率提升等机会。财务共享服务能够让企业有限的资源集中在增加企业核心价值、培育与发展企业核心竞争力等高价值领域的活动上，而不是将资源大量花费在例行性、事务性的低端活动上，有利于缩减低效的资源配置、裁撤冗余的业务部门。财务共享服务中心建设最终是为了以优化的资源配置为企业带来高效率、高价值的管理结果输出，实现价值的最大化，这些也是企业推进财务共享服务中心建设的内生动因。

（四）新一代信息技术发展

以人工智能、大数据等技术为代表的新一代信息技术的快速发展和广泛应用将人类从工业经济时代带入了一个崭新的数字经济时代。

信息技术在企业的广泛应用，不仅改变了传统手工数据的处理方式，而且触发了企业管理模式、生产方式、交易方式、作业流程的变革，人们的行为模式也随着企业业务流程化、组织扁平化、作业信息化而发生变化。信息技术应用改变着企业传统营运模式。例如，企业在信息技术平台上运行 ERP 系统、语音系统、图像管理系统、文件管理系统、客户服务系统，通过企业之间、企业内部的信息传递实现协同合作、优化资源配置。

当前新一代信息技术是全球研发投入最为集中、创新最为活跃、应用最为广泛、辐射带动最为显著的创新领域。新一代信息技术驱动思考、驱动决策、驱动社会发展，创造出巨大的价值。新一代信息技术的爆裂式发展使得管理向“数字化、智能化”发展，给会计行业带来了日新月异的发展变化和前所未有的机遇与挑战。随着移动互联网、电子发票、光学字符识别（OCR）、电子档案、云存储等新一代信息技术在会计领域得到广泛应用，财务朝向“共享化、数字化、智能化”发展。企业大数据平台借助云存储、物联网技术实现万物互联，数据自动化采集；借助人工智能等技术将财务人员从单调而繁重的重复性核算工作中解放出来，进而使财务人员能够更多地投入到成本控制、风险管理等高价值工作，推动财务工作从“守护价值”向“创造价值”转型。企业也逐步形成战略财务、业务财务、共享财务三位一体的管理模式架构，将财务会计和管理会计进行有效的融合统一，在完成对外报送报表的同时，也从各个维度形成了服务企业决策的经营管理报告，使企业的核心竞争力得到提升。财务共享服务中心及商业行为的大数据构成企业的核心数据资产，为下一阶段的智能决策发展奠定核心基础。

2020年6月，上海国家会计学院公布“2020年影响中国会计从业人员的十大信息技术”评选结果，分别是财务云、电子发票、会计大数据技术、电子档案、RPA（机器人流程自动化）、新一代ERP、区块链技术、移动支付、数据挖掘以及在线审计。

此外，同时公布的还有“2020潜在影响中国会计从业人员的五大信息技术”，即当前还未成熟会计类产品，但预期三年内会出现对会计产生很大影响的现有信息技术。这五大信息技术分别是区块链电子发票、数字货币、物联网与自动化物流，第五代移动通信技术以及分布式账本。

（五）企业数字化转型诉求

我国数字经济发展步入成熟期，数字经济成为国家战略的重要组成部分，财务工作在各个维度迎来挑战，企业数字化转型成为企业发展的重要战略及其创新变革的主要内容。在市场和技术环境以及管理变革趋势下，新的商业模式和技术在全球范围内引起社会经济结构、生产和消费方式的深刻变化，并重新塑造了世界经济新的商业格局。而新一代信息技术引领的科技革命对企业的管理理论、方法和工具均产生持续性的变革刺激作用，数字化、智能化解决方案的应用不仅提高了企业的竞争能力，改变了企业的生存环境，而且也促进产业结构的优化和升级，有力地推动了企业包括财务组织在内的组织结构、流程、业务模式的优化和变革。

1. 数字经济时代要求推进财务业务融合

传统的财务管理具有与业务分离，只负责编制月度、季度、年度报表，会计核算事后处理，财务管理静态管理，会计部门相对封闭，会计专业性强等特征。数字经济时代下的财务管理则要求会计与业务进行深度融合，要求具有财务与业务数字化，开展事前、事中的会计核算，进行财务动态管理，要求会计部门全方位开放，会计为决策服务等基本特征。

在服务企业整体发展战略上，财务管理不能仅满足于企业经营业绩的计量和反映，更需要深入企业业务发展的过程和前端，实现财务管理与业务发展的紧密融合，在企业运营中做好“调度中枢”和“专业大脑”的角色。只有做好企业业务发展的指引和运营的调度才能保证企业良好的经营业绩和财务效益。

企业的财务管理应统筹企业业务发展和财务安排，通过计划管理、绩效考核和资源配置等各种管理工具的组合运用，按照整体发展战略的要求和目标，引导、控制和促进企业各项业务向着实现企业战略目标的方向前进，真正实现从业务中来、到业务中去，将发展战略分解落到实处。企业的会计部门和会计人员应做好企业结果的“记录员”、生产经营过程的“调度人”和企业发展方向的“引领者”，财务管理就能更好、更有效地服务于企业整体发展战略。

2. 数字经济时代要求提供个性化财务服务

我国现行企业财务信息服务是提供货币性、不区分服务对象的一种综合服务。不管是企业的投资者、信贷者，还是企业的董事会、经理层、中层干部和员工，提供的都是以财务报表为主的综合性而非个性化的财务信息。满足企业财务服务对象的个性化需求是数字经济时代的重要特征，企业的投资者、信贷者和其他利益相关者需要的会计信息是不同的。企业的投资者关注的是净资产收益、分红等方面的信息；企业的信贷者关注的是现金流净额和还本付息等方面的信息；企业的客户和其他利益相关者则关注的是企业产品的质量、安全和履行社会责任方面的信息；企业董事长关注的是企业的投资回报、总体经营情况；总经理关注的是考核指标、绩效与奖励等信息；副总经理关注的是其分管业务的指标完成情况；中层干部关心的是考核指标及其绩效；员工关注的是工资、津贴和奖励的信息。财务信息服务的个性化需求提出来以后，需要财务人员进行个性化设计，加上智能化加工形成满足不同需求的各种形式的财务报表和管理会计报表。

3. 数字经济时代要求提高会计服务的及时性

在传统的会计服务中，财务人员仅需编制月度、季度、年度报表，且在流程低效这种情形下编制的财务核算一般是事后处理，财务管理实行静态管理，财务监控为间断监控。数字经济时代的会计服务，要求财务人员编制实时财务报表，提高会计服务的效率，强调会计核算事中处理，并实行财务管理的动态管理，财务监控为持续性监控。

4. 数字经济时代要求建设财务共享服务平台

企业的财务共享服务平台是依托信息技术、云计算和大数据，以财务业务流程处理为基础，以强化管控能力、优化组织结构、提升流程效率、降低运营成本或创造价值为目的，为内外部单位提供专业化服务的分布式管理模式和平台。财务共享服务平台应不断进行升级再造。在财务共享服务 1.0 的时代，它将财务核算、费用报销、资金管理等诸多职能通过财务共享服务中心方式实现了平台化支持。在财务共享服务 2.0 的时代，财务管理应在决策支持、财务战略、成本管控、资金使用、业务分析和支持上发挥作用，此时的管理会计与企业司库职能会得到充分发挥。在财务共享服务 3.0 时代，以物联网、数字化、智能化等技术为手段，将与财务有关的所有环节打通与连接，并做到自动独自拆解，分析与数字化处理。

5. 数字经济时代要求财务分析大数据化

现行财务分析主要是单位的内部资源，其财务资源主要是单位内部部门和分、子业务中心的数据和资源归集，很少涉及外部的数据和资源收集、分析和挖掘。而数字经济时代的财务分析则要求财务分析的数据和资源能够富集起来，解决财务分析数据和主要来自内部资源的问题。此时，财务分析的数据和资源应从外部广泛收集与挖掘，包括行业、主管部门、竞争对手数据和政府相关单位的数据，可进行网上及时收集与汇总财务大数据、在线更新和补充、在线服务支持、在线分析、在线咨询等。

那么，财务分析如何应用大数据思维与技术？首先，财务人员要明确需要收集什么样的数据，通过什么渠道来收集数据。其次，财务人员要解决收集整理的数据如何去分析的问题。最后，财务人员需要明确怎样利用这些数据提高财务服务能力。现阶段，企业财务人员通过建设财务共享服务中心广泛收集生产经营和财务数据。对通过财务共享服务中心收集的生产经营和财务数据，财务部门和财务人员应建设大数据分析平台，将收集整理的数据进行分析，以满足财务工作对大数据运用的需要。数据分析平台为实现大数据时代的财务会计与管理会计一体化提供了技术保障。财务人员应将收集到的数据，通过大数据分析平台进行分析，利用大数据提高财务服务能力，充分发挥财务工作在促进企业转型升级中的作用。

6. 数字经济时代要求提高财务智能化水平

人工智能称得上是当前科技界和互联网行业最热门的话题。人工智能凭借精确的分析能力、海量数据挖掘和知识获取与学习能力在各个领域为我们带来便捷。财务的智能化是在财务信息系统的基础上，结合财务专家系统和数据挖掘系统而形成的智能系统。财务信息系统能够借助定量化的决策支持模型来辅助财务人员进行决策，财务专家系统能模拟财务专家思维来解决非结构性的问题，以神经网络为代表的数据挖掘系统具有良好的自组织、自学习和自适应能力。实现这三种系统的相互结合、融合，则可实现财务的智能化。财务人员应以财务的智能化提升财务工作的规范性、系统性，在促进提升财务工作水平、完善单位整改措施、强化风险管理等方面取得新成效。

实施财务工作的智能化，是在分析单位海量数据和复杂经济业务的条件下，对原始数据按财务风险分析目的进行有机归并，利用相关性规则的挖掘算法，提取其反映相关性的规则、规律和模式，并对这些规则、规律和模式进行分析和评价，有效地形成财务知识库。

随着财务智能化的发展，凭证和票据自动识别、自动审核和自动账务处理可以实现，这些基础财务工作基本上不需要人工参与，伴随财务智能化水平的发展，财务智能化这种学习人脑思维活动的程序会日臻完善。不过，人工智能并不是万能的，人工智能可以取代大量基础的工作，从而减少中低层财务人员的数量，但从中长期来看还是取代不了高端财务人员。高端财务人员应在财务智能化进程中发挥积极作用，例如在遵守职业道德和操守、树立战略思维、运用专业判断和加强沟通等方面发挥不可替代的作用。

7. 数字经济时代要求改善财务人员配置

数字经济时代让财务服务资源能够有机会流动起来，解决财务人员闲置的问题。财务人员可在开放的网络平台上处理各项财务事项，从根本上改变过去财务人员独立和封闭的工作单元，进行网上编制财务报表、财务审批、在线更新财务制度、在线服务支持等工作，与企业内部成员之间以市场化方式运作。这一模式的出现较之早期的资金管理有了很大的进步，但也并不等同于司库模式。司库的建立在我国虽处于初级阶段，但已经有少数企业构建了真正意义上的司库职能，关注于公司理财、投融资、流动性和风险管理等职能。司库职能本质上是资金管理和财务公司职能之上的战略层次的职能构建。

“智能”这个关键词的出现，意味着这本书所谈及财务转型的与时俱进和前瞻性。财务的转型与信息技术的支持密不可分，从会计电算化到财务信息化直至财务智能化，财务支持技术的进步本身就是一次持续进步的自我转型。结合“智能”这个关键词，“共享”和“司库”这两条主线的根基被赋予新的含义。对于共享服务来说，智能技术的出现带来了财务运营的自动化和智能化，共享服务也进入了以技术为主导、人力为补充的后共享或智能共享时代。对于司库来说，智能元素的加入让以资金为核心的预测成为可能。从事后向事前的转变，让司库的战略能力得以进一步提升。作者在本书中，将云计算、大数据等智能化技术作为财务转型的基础，为我们进一步思考智能时代的财务转型打开了一扇窗户。

因此，企业数字化转型背景下的财务转型目标是打造“价值创造型财务管理”，财务成为企业价值的推动者、支持者和创造者，通过战略决策支持、资金运行保障、工作效率提升、降本增效创收、运营风险管控和人才队伍保障等方面助力企业提升核心竞争力。财务工作将从价值核算向价值提升转变，从集权管理向分级授权管理转变，从分散财务向共享财务转变，从传统财务会计向管理会计转变，从单一财务数据向业财融合的数据转变，从单一知识向复合知识结构转变。

在这样的新商业格局下，财务共享服务中心作为财务组织变革的核心，通过广泛的建设和运营实践，能够为企业提供更多的竞争能力和竞争优势。包括：具备更灵活的业务财务服务模式以支持业务增长；利用规模效益削减成本；推进业务流程及数据标准化并提高服务水准；实现本地化的同时支持企业资源更好地向全球化方向的整合；将最佳实践及应用技术高效地推广运用；将业务重心放在企业的核心竞争力上；快速地适应未来的变革和挑战。

（六）国家政策对财务共享服务中心建设的鼓励支持

随着中国经济转型和产业升级的加速，国家也发布相关的政策鼓励企业投入更多的资源大力发展集约型、服务型经济，在国资委、财政部等国家相关部委的相关文件中，也逐渐从建议企业推动财务共享服务中心的建设发展，过渡到要求企业应当建立财务共享服务中心。

2011 年 7 月，国资委发布的《关于加强中央企业财务信息化工作的通知》（国资发评价［2011］99 号）中明确指出，具备条件的企业应当在集团层面探索开展会计集中核算和共享会计服务。同年，中央企业财务工作会议中提出“十二五”时期和未来十年中央企业财务管理工作的总体思路是要求中央企业要完善财务功能，提升财务能力，加快财务转型，实现管理一流；创造世界一流的财务绩效成果、达到世界一流的财务管理水平、建成世界一流的财务管理体系。

2013年12月，财政部印发《企业会计信息化工作规范》（财会［2013］20号），该规范的第三十四条明确规定，分公司、子公司数量多、分布广的大型企业、企业集团应当探索利用信息技术促进会计工作的集中，逐步建立财务共享服务中心。这是从国家层面上第一次明确提出，鼓励大型企业集团逐步建立财务共享服务管理模式。

2014年10月，财政部印发《财政部关于全面推进管理会计体系建设的指导意见》。该意见提出推进面向管理会计的信息系统建设，鼓励大型企业和企业集团充分利用专业化分工和信息技术优势建立财务共享服务中心，加快会计职能从重核算到重管理决策的拓展，促进管理会计工作的有效开展。

2015年12月11日，财政部、国家档案局发布的《会计档案管理办法》指出，会计档案是指单位在进行会计核算等过程中接收或形成的、记录和反映单位经济业务事项的，具有保存价值的文字、图表等各种形式的会计资料，包括通过计算机等电子设备形成、传输和存储的电子会计档案，这为远程电子化影像进行会计处理和档案管理提供了法律法规上的有力支撑。在财务共享服务发展初期，大量的纸质单据是邮寄到财务共享服务中心进行处理后再邮寄回成员单位所在地的，这一方式效率低、成本高。此办法颁布后，企业纷纷开始采用影像识别建立会计档案，大大提升了远程财务管理的效能。

2016年10月，财政部印发《会计改革与发展“十三五”规划纲要》，要求密切关注大数据、“互联网+”发展对会计工作的影响，及时完善相关规范，研究探索会计信息资源共享机制、会计资料无纸化管理制度。这不仅为单位会计改革指明了方向，也为新形势下财务人员的转型提供了指引。随着云计算、人工智能、大数据等信息技术的不断进步与发展，财务共享服务已不再是新鲜词汇，越来越多的中国企业加入了这场“会计工业革命”。

针对中国企业向更高价值领域迈进过程中面临的问题，国家政策鼓励企业建设财务共享服务中心，对财务共享服务中心的研究和实施呈积极态度，有助于中国企业关注成本、回归利润、推动产业转型，纠正把抱负、目标、行动看成战略，逐步走向务实、健康、可持续发展的正确道路。从这个意义上说，国务院国资委、众多央企集团和信息技术厂商积极推进财务共享服务中心的研究和应用对中国企业乃至整个中国经济的转型具有非常深远的现实意义。

二、财务共享服务模式的特点

（一）服务性

财务部门及财务管理本身就是具有服务性质职能的，为其他部门和业务活动提供日常费用报销、资产物资管理、合同结算支付、应收应付管理、运行资金管理等全方位的指导和配合。俗话说，财务业务不分家，财务核算与业务活动紧密相连，财务既是业务的向导，也是业务的总结师，并能及时准确发现业务活动的漏洞，帮助其修补并规避审计风险。财务共享服务中心的构建进一步提升了服务的质量和专一性，按照企业集团用户需求，弥补传统财务管理模式的弊端，有针对性地输出“服务产品”。

（二）专业性

可以从两方面阐述，一方面是财务本身就是一门非常专业的学科，一切行动必须遵循企业财务管理规定和国家有关标准，以保证财务数据科学、严谨、完整、准确。另一方面，财务共享服务中心作为一个独立的财务管理组织机构，主要功能就是利用专业知识为企业提供高效专业的服务，推动企业发展平稳运行。

（三）规模性

共享服务最具吸引力的特点在于，它能够通过合并协调性非常差的完全不同的业务来形成规模经济，从而降低企业的交易成本。共享服务管理模式并非将分散的业务和资源进行简单的集中处理，而是将重复性活动归集到共享服务中心，通过整合大批量的业务流程，促进规模经济的形成，有效降低处理成本，并减少业务部门的循环重复工作，促使企业集中精力和资源，专注于高增值的核心业务。Bob（2000）对实施财务共享服务的世界500强企业集团进行案例研究发现，福特公司构建了财务共享服务模式，将分布于全球的财务人员从1.4万名减少到3000名，并集中到财务共享服务中心，为福特公司分布于全球的30万名员工和125亿美元的销售业务提供财务核算和管理服务。通用电器公司利用财务共享服务模式，将其在美国的交易人员数量减少至原来的1/4，进而得出了财务共享服务模式可以提高服务质量、降低成本、提高财务工作效率的结论。

因此，可以说财务共享是在企业财务基本业务工作量大、重复繁琐、处理方式不规范不标准等诸多问题的基础上应势而生，只有在大规模业务的背景下，才能充分发挥财务共享的优势，实现业务流程统一控制、规范管理。

（四）技术性

在这个大数据信息化的时代，财务共享服务中心的建设势必依托于信息自动化平台，各个模块业务单元之间数据共享、归集、整合、传输等流程，每一个环节都离不开数据的信息技术，人工是无法完成如此高难度的工作的。目前比较成熟的软件，如用友、金蝶、浪潮、影像扫描等系统应用非常广泛。

（五）统一性

共享服务对集中起来的不同业务单位的非标准化业务流程进行标准化处理，建立统一的操作模式，运作统一的流程，执行统一的标准，这样既可降低管理成本，又有利于企业的规模扩张。

（六）协议性

共享服务是通过签订服务等级协议（Service Level Agreements，SLA），界定共享服务中心与客户的实际关系，明确提供服务的内容、时间期限和质量标准等。同时，服务等级协议中还会约定服务出现纠纷时的协调处理机制。

三、财务共享服务适用范围

基于企业规模的角度，财务共享服务更适用于规模较大的跨区域的企业，包括金融行业、服务提供型企业、加工制造业等等，这类大型企业出于降本增效等目的，通过流程再造的方式实施财务共享服务，以此来加强企业对财务工作的管理，通过规范化的业务流程来增加业务处理上的规模经济效益。并且，财务共享服务也同样适用于那些经常发生如并购重组等业务的企业集团，这些企业可以通过这种新型的财务管理模式来减少并购重组时发生的成本，促进业务进程的实施，更好地整合企业并购重组后产生的新业务。除此以外，中小企业也可以利用先进的互联网技术来实现财务共享，这些没有规模优势的企业可以通过外包其它企业的财务工作的方式，产生不同的规模效益，以此促进自身企业的发展。

基于业务标准的角度，对于标准化程度比较高的企业更适合实施财务共享服务。这类企业会产生大量的重复且基础的财务业务，可以将这些业务集中到财务共享服务中心中，进行统一处理，从而提高企业的运营效率，但是对于重复性较小、差异化的财务业务并不适合集中到财务共享服务中心。

四、财务共享服务中心的组织与运营模式

（一）财务共享服务中心的组织模式

通过对国内外的实践进行总结，得出财务共享服务的组织模式如下：

1. 实体财务共享服务中心

实体财务共享服务中心是目前公司通常采用的财务共享服务模式。这种模式要求将企业内分布在不同地点的相关财务人员集中到一个单一地点，即将财务人员集中在一个成本较低、具有税收优惠政策的地点。同时，为了适应财务共享服务中心的运作，提高其运作效率，需要同时进行财务流程再造。最终的好处是给企业带来人工成本、固定资产成本、信息系统成本的降低。在这种模式下，原本在企业中负责会计业务处理的人员将成为财务共享服务中心的工作人员，共享服务中心仍然是企业的一部分，具有有限的自主权，成本一般会被分配回各个使用其服务的企业内部部门中。

2. 虚拟财务共享服务中心

实体财务共享服务中心是共享服务中心的未来发展方向。互联网的崛起以及信息和通信技术的快速发展，极大地改变了整个世界的运行方式。它不仅改变了整个生产经营方式价值链，也改变了组织结构和组织行为，如组织结构扁平化、网络化和虚拟化（约翰·纳斯比特，1984）。这种组织模式不需要将财务人员集中到同一地点，而是通过信息和通信技术将不

同地理位置的服务功能和机构进行连接，运行全面电子化和网络化。

3. 混合财务共享服务中心

混合财务共享服务中心将财务的主要职能集中，如会计账务处理、现金管理等职能集中，其他职能分散，通过网络与主体连接。每一种组织模式都有自己的优点和不足如表（3–1）所示，需要根据企业的实际情况做出选择和确定。

表 3–1　财务共享服务中心组织模式比较

比较要素	实体财务共享服务中心	混合财务共享服务中心	虚拟财务共享服务中心
成本投入	最高	高	较高
适用范围	大公司	跨国公司	各种类型企业
实施效果	最好	好	较好
沟通效果	好	较好	沟通困难
信息化要求	较高	高	十分完善
控制风险	小	大	风险控制点多

（二）财务共享服务中心的运营模式

按照组织发展的阶段，财务共享服务中心的运营模式分为以下五种类型：

1. 基本模式

基本模式通常处于财务共享服务中心发展的初期阶段，财务共享服务中心的职能定位为企业内部职能部门，财务共享服务中心的运营管理与决策权集中在集团总部。基于集中管控、降低成本以及提高效率等方面的考虑，集团总部会强制性地要求各分支机构将总账、应付账款、应收账款、固定资产等典型的财务核算工作全部集中到财务共享服务中心来进行核算处理为企业内部业务单元提供跨组织、跨地区的专业支持服务，并通过合并、整合日常事务性核算工作和资金交易活动，实现规模经济并消除冗余，从而最终达到成本降低和流程规范化、标准化的管理目标。这种模式下的财务共享服务中心规划过程比较注重选址、人员测算、最优工作量标准核定等。在运营过程中主要强调标准化流程、专门化分工和核心能力的建设。

2. 市场模式

市场模式是财务共享服务中心发展到一定阶段的产物。它分离了公司内部职能的基本运作权和决策权，使财务共享服务中心成为相对独立的经营实体。

作为虚拟的经营单位，财务共享服务中心有了基本运作权，机构运转更加灵活，只需执行总部规定的相关政策，并受总部的监管。集团内部成员单位的客户不再被动地接受托管性的服务，可以根据自己的意愿做出是否接受这些服务的决定。市场模式的财务共享服务中心不但要提供基础的业务服务，还要提供更专业的咨询服务，要不断提升自身的服务质量、根据确定的服务流程与标准提供服务。与此同时财务共享服务中心通过成本分摊的方式收取服务费用。我国大多数企业集团采用这种服务模式。

3. 高级市场模式

高级市场模式是市场模式的进一步发展，与市场模式的不同之处是引入外部竞争。使得财务共享服务中心面临更多的外部环境压力。其核心目标是为客户提供比竞争对手更优质的专业服务。此时，集团内部成员单位的客户具有更多的自主权。他们可以从现存的两个及以上的财务共享服务中心中进行选择。如果他们认为内部的财务共享服务中心的服务数量或质量难以满足需求，则可以自由更换，甚至从外部购买所需要的服务。

高级市场模式的财务共享服务中心在收费标准上，按照市场价格或成本加成收取服务费用。目前，这种运营模式的应用在我国不是很多，只有一些具有雄厚实力的大型企业集团会采用这种运营模式。

4. 独立经营模式

独立经营模式是财务共享服务中心运营发展的高级阶段，其特征主要体现在“独立”。这种模式下的财务共享服务中心作为独立的经营实体来运作，其定位是外部服务提供商。独立经营模式的财务共享服务中心不仅面向企业内部客户提供服务，而且要积极开拓外部客户。财务共享服务中心凭借其专业技能、技术及知识与第三方外部服务机构、外部咨询机构等展开竞争，服务收费也完全呈现出市场化态势。

由于没有来自投资企业的先天庇护，迫使这种模式的财务共享服务中心必须不断地提供服务与产品的升级或更新，以便吸引更多的新客户并维持老客户，才能不断发展壮大，创造稳定的收入和利润。财务共享服务中心已经从成本中心转型为价值创造中心。大型跨国公司或咨询公司一般会采用这种运营模式，我国企业集团对该模式的应用较少。

5. 众包平台模式

财务共享服务中心可以借助“互联网 +”思维和技术实现去中心化，在逻辑上集中在物理上分散，由此产生了“财务众包”的概念。这也意味着财务共享服务中心本身的管理可以分散进行，员工即使分散在不同的地区也可以完成同一项工作。

2016 年 10 月 17 日，阳光保险发布“阳光财务众包平台”，开创“互联网 + 会计”的共享经济新模式。该平台将会计作业极致拆分成微任务，并面向互联网用户进行任务招募，由互联网用户抢单，随时处理完成。阳光保险也由此成为中国首家面向社会大众、采用社会众包模式处理会计事项的企业。

五、财务共享模式风险种类

（一）人员变革风险

财务共享服务彻底变革了企业财务管理模式，相关人员的编制、工作环境、工作模式和工作内容都发生了很大变化。财务管理模式的变革首当其冲影响的就是财务人员，人力作为建设共享服务中心的中枢资源，也是首当其冲地要进行转型。财务共享服务在不同阶段对人力资源的需求不同，对各阶段的人员转型风险进行管理能够保障其顺利实施。然而这一转型无形之中给财务人员带来很多困惑和压力，产生了人员变革风险。

第一，财务人员转型特别容易出现员工抵触情绪的问题，职责转变、工作地改变、工作内容和工作方式变化等都会导致员工产生不稳定和抗拒的心理。例如，有的财务人员前期承担着核算和管理会计的双重职责，财务共享后，核算业务和管理业务分离，导致部分财务人员只能进行简单、枯燥、重复性且业务量大的机械性工作，增加了操作失误的风险，降低了工作的积极性。

第二，财务共享实施后，单据的审核将由财务共享服务中心人员统一标准化审核票据，代替原组织机构财务人员的工作，原组织机构财务人员的岗位慢慢会被弱化且增加其他的工作内容，这样一来，原组织机构财务人员失去财务岗位将会成为财务共享服务中心实施阶段一项重大风险。同时，财务人员分为点状和块状两类岗位。实践经验表明，点状岗位长期大量重复单一作业，从事该岗位的员工所掌握的财务知识较为片面，员工容易出现倦怠心理，对未来职业规划的迷茫会产生员工对企业认同感下降、流动性高的风险；块状岗位是员工负责某个模块的作业，如应收账款、应付账款、其他应收账款、和其他应付账款等，从事该岗位的员工由于工作地点的改变，存在业财分离的风险。

第三，财务人员技能水平风险，财务管理工作模式的革新、业务流程再造、信息化平台的引入，财务人员都面临着要学习许多新的专业知识和高科技的财务核算软件。在人员摸索磨合期间，各项业务技能、操作水平等达不到目标要求，操作不适应、不规范都会带来工作效率下降的风险。此外，财务共享服务中心的人员大致可以分为三类：基础服务人员、关键技术人员、管理服务人员。基础服务人员同质化高、可替代性强、流动性大；关键技术人员是核心员工，如果出现短缺，一时间难以找到合适的替代者；管理服务人员是财务共享服务中心的大脑，需要有全局性和前瞻性、掌握财务管理和企业管理的人担任，否则将影响运营效率，阻碍企业集团目标的实现。

（二）信息系统建设风险

财务共享服务中心的建设依托于高科技的信息化平台，共享服务采取线上与线下相结合的方式，建设信息化系统需要结合业务分类、人员结构设置、业务流程走向、资金投入计划、现存在的问题等事项，完成大量的单据扫描、网络传输、网上报销和银企直联等数据信息的梳理和对接。可见，信息系统是财务共享服务运作的基础，是开展业务的保障，这样一个涉及范围广、连接端口多、设计模块全的集成管理平台，其设计和实施需要考虑的因素众多，涉及多行业的专业人才，是一个繁杂的工程。主要风险有：

第一，新旧系统兼容问题。系统建设过程中，财务共享服务中心面临的首要问题就是新旧系统是否兼容的问题，不同企业信息化程度不同，就算是同一企业的不同业务模块，信息化程度也可能存在差异，再加上系统软件的相容性问题，容易造成系统整合出现困难，形成信息孤岛。各分、子公司原系统差异性大，在功能赋予和流程操作上各有不同，然而，企业集团成员单位的信息系统标准化是财务共享服务顺利实施的必要条件。

第二，系统设计可能不合理。系统设计初期，还未经过实践的验证，可能会出现不符合流程规范、单据格局不全面、辅助功能欠缺、链接查询不完整等设计性问题，缺乏管理和控制能力，难以达到预期的设计效果。

第三，系统支撑力薄弱。集团现有的信息化系统有：OA 办公平台、计划合同系统、预算监管系统、物资管理系统、巡查系统、财务报销及核算系统，目前几个系统各自独立运行，系统集成和标准化的要求高，但缺乏有效的系统管理，无法确保业务财务联动、信息交互有效，整体支撑力薄弱。

第四，系统数据安全问题。财务共享后，企业绝大部分的机密资料和数据都储存在系统里，这些信息直接或间接链接在网络中，一旦系统故障或者数据泄露，都将对企业造成损失。此外，系统承载着大量重要的数据信息，系统不稳定、网络“宽松软”、权限设置不当、登录密码简单、人员安全防范意识淡薄，甚至来自外部环境的压力都会导致数据的存储、传递、加工、提取等方面存在问题。

（三）组织管理变革风险

确定创新财务管理模式后，就可以进行组织结构的变革，包括组织结构的重新调整，岗位的重新设定、职能权限的重新划分，组织制度的制定等。由于财务共享服务中心和财务部（包括集团财务部和分、子公司财务部）工作存在一定的重叠，部分企业可能会模糊了两者的边界划分，导致职责划分不明确，影响财务共享服务的落实。而且，分、子公司的财务作业被集中，其财务机构职责重新划分，分、子公司财务机构可能存在抵触心理，这种抵触心理必然阻挠财务共享服务的实施。同时，新建立的财务共享服务中心将承担服务受托机构财务管理的重任，财务共享服务中心机构设计不佳，如组织设计不佳、组织效率和效益有待提高，可能会影响财务管理模式的转型。在实际结构建设中，经常出现新财务管理模式、新结构单元带来的主要风险有：

第一，内部冲突。三级管理机构的财务权限上移，“财务”的身份渐渐模糊，财务工作被其他工作替换，职能转变，反对心理极强。

第二，组织结构调整不适当。新的岗位设定、职能职责划分、制度制定与实际业务存在着不相容不平衡的风险。

第三，制度制定不合理。财务管理制度制定不清晰，未充分考虑其他业务和利益相关者的处境和需求，存在可行性差、落地实施困难的风险。

（四）业务流程再造的风险

业务流程再造是企业集团实施财务共享服务中心的核心力量和关键步骤，它改变了原有部门的工作流程，提倡流程的规范化、标准化、统一化、精简化。

通过对流程的梳理和再造，能够更清晰地了解端（业务）到端（财务）信息如何流转，其各自的职责是什么，不同事项的操作系统是否统一，财务风险如何管控，以及流程效率是否还有可提升空间等等。良好的流程梳理是财务共享服务中心建设的稳健基础，在进行流程设计时应遵循四项基本原则：

1. 同质流程标准化。财务共享服务中心的流程设计始于业务，业务场景的多样化导致流程分类繁多，流程标准化程度低。因此，基于财务管控模式要求对流程进行归纳。对前端业务场景不同但财务管控方式一致的，将其标准化整合为同一流程进行设计。

2. 效率与风险并重。在进行流程设计时过多强调风险管控，就会不可避免地造成流程复杂度和链路长度的增加，势必会与业务部门的诉求相悖，因此，效率与风险并重是财务共享服务中心流程设计的一个基本原则。

3. 内容专业分工。财务共享服务中心组织搭建的一个重要前提就是专业化分工，这样才能实现规模效应，降低成本，提升效率。因此，应该对财务共享服务中心需要处理的工作进行归纳和提炼，以满足专业化分工的工作前提。

4. 系统架构完备。详尽的业务设计需要完备的信息系统支撑才能平稳落地。财务共享服务中心的建设是以信息化、数字化、智能化为基础的。因此，在财务共享服务中心流程设计时需要考虑新建系统和已有系统的主要功能衔接和完善，并以此作为流程设计中系统功能需求提出的重要依据。

一般情况下，旧流程各种各样且已深入人心，新流程实施难度较大，也存在较大的流程变革风险。

第一，流程设计不合理。流程再造未基于前期调研，未结合实际情况，未针对现有问题考虑可操作性问题，也不能够有效地将不同的旧业务流程整合化一，财务工作存在不协调的现象。

第二，新旧流程衔接不顺畅。各组织机构根据自身经营特点制定了自己的各项管理规章制度及业务处理流程，拥有自己的管理模式和流程制度，如因财务共享服务被上收废弃，首先心理上会抵触再造的流程管理，其次，各组织机构业务处理流程不尽相同，流程再造涉及业务范围广，人员数量大，新旧流程衔接存在不顺畅的风险。

第三，新流程执行力不足。流程的规范和标准使其灵活性降低，内外变化、不同情况事件不能按流程正常执行时，如不能及时进行调整，问题得不到解决，流程执行更显得是流于形式。

六、建筑施工企业财务共享模式的系统功能及效果分析

建筑施工企业财务共享服务中心一般为企业在财务上的一个独立部门，财务共享服务中心对集团公司下属各局以及各分支机构的基础核算以及收付资金业务进行统一处理，各分支机构不再对这些基础性财务工作负责，财务共享服务中心组织定位情况如图 3–1 所示。集团公司财务部对财务共享服务中心的运营情况进行管理，并负责对其进行业绩考核。建立了财务共享服务中心后，并不改变总部以及分支机构原先财务部的组织架构，而是分离了基础的财务核算和管理工作，从而释放了更多的人力资源去促进企业核心业务的发展，促进企业价值的提升。

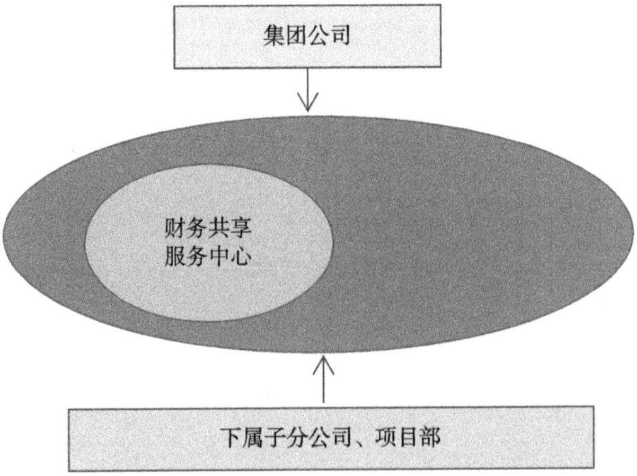

图 3–1　财务共享服务中心组织定位图

集团建立财务共享服务中心后，整体的财务组织将划分为战略财务（总部财务）、业务财务（分子公司项目部财务）和操作型财务（财务共享服务中心），并建立三者之间的有机联系。共享服务中心成立之后各层级财务部门功能定位及相互协调关系如图 3–2 所示。

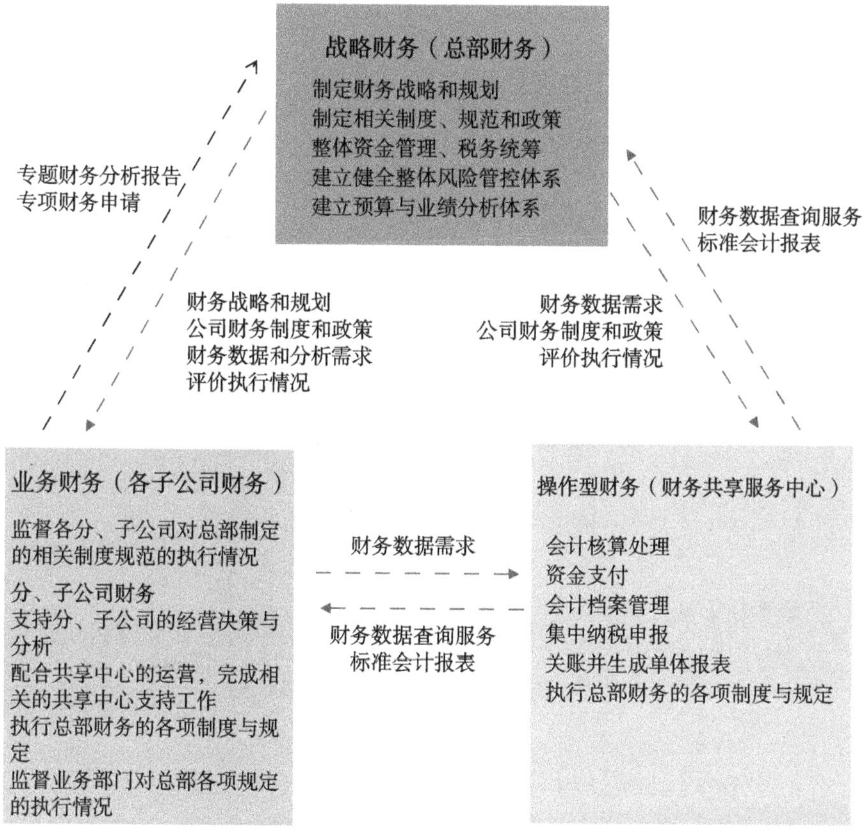

图 3-2　共享服务中心模式下各层级财务部门功能定位及相互协调关系

（一）财务共享服务中心组织结构及工作职能

参照股份公司要求，建筑施工企业财务共享服务中心一般下设如下部门：运营管理部、资产费用部、收入成本部、资金结算部、总账报表部、质量管理部、预警分析部、税务核算部、综合办公室。具体财务共享服务中心组织机构如图 3-3 所示。具体财务共享服务中心组织机构如图 3-3 所示。

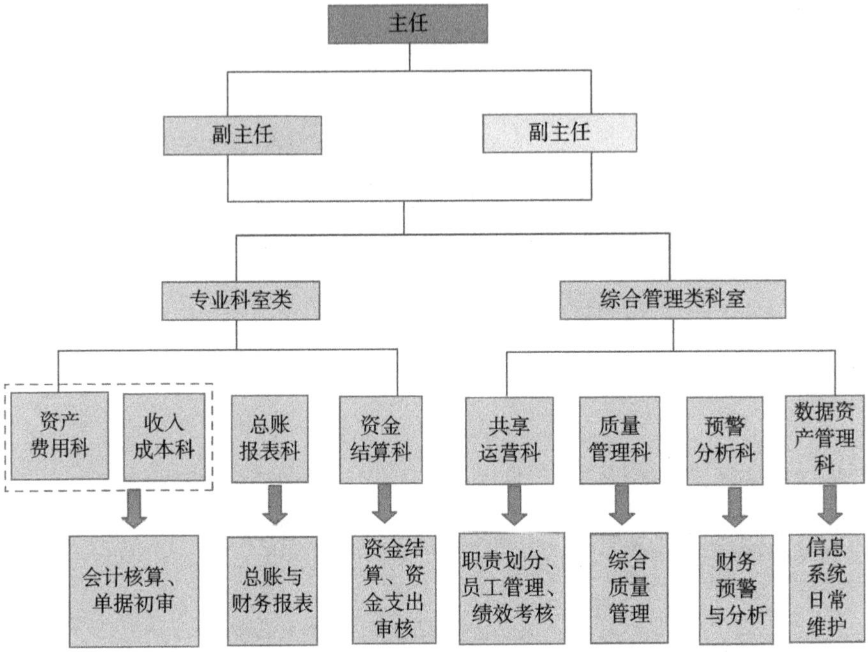

图 3-3　财务共享服务中心组织机构图

（二）财务共享服务中心业务范围

建筑施工企业财务共享服务中心一般按照业务流程分工的组织为单元，配套系统的制度体系、标准化体系、人才队伍和信息系统，集中进行专业化、规范化和标准化的会计核算、资金结算，同时依托集中共享的数据资产，提供增值服务，其具体业务范围如表 3-2 所示。

表 3-2　财务共享服务中心业务范围

业务类别	具体业务
专业流程业务	应收核算、应付核算、费用报销及职工薪酬核算、成本核算、投资核算、资金收付、税务核算、资产核算、总账及报表
跨专业流程服务	档案管理、系统管理、标准化管理、综合管理
增值业务	发表分析数据、预计财务风险、反馈内控执行情况、计划预算控制等

（三）财务共享服务中心业务流程

一般而言，实施财务共享服务后，分支机构下的各基础业务人员不再直接将原始单据交付给企业的财务部门，而是通过信息系统将原始单据进行扫描处理，然后上传到财务共享服务中心，使得业务处理更为便捷。在上传到财务共享服务中心后，将会经过初审以及复核双重审核程序，这样不仅提高了财务信息处理的效率，同时也一定程度上规范共享服务中心的业务流程，加强企业集团的管理力度。财务共享服务中心运行后业务流程如图 3–4 所示。

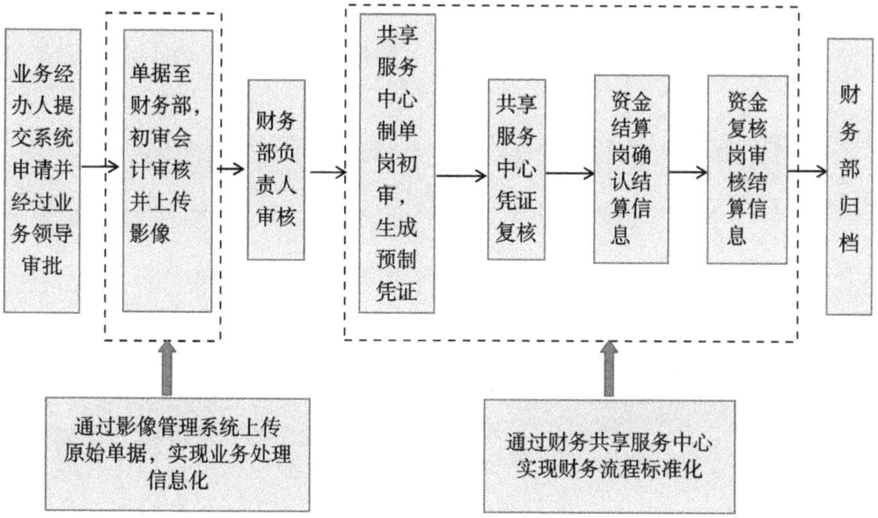

图 3–4　财务共享服务中心运行后业务流程图

1. 费用报销业务板块及功能

大型建筑施工企业，其工程项目涉及全世界多个国家和地区。大量的跨地区、跨国的分支机构导致建筑施工企业在费用报销上产生了数量较大的重复性业务。在传统管理模式下，费用报销流程相对比较复杂，耗费大量的人力成本，并且降低了财务人员的工作效率。在建立了财务共享服务中心后，费用报销业务流程相对节省了人力物力，重点包括了报账单的填制与提交、信息系统对原始单据扫描、审批复核以及集中支付等过程。费用报销业务流程如图 3-5 所示。

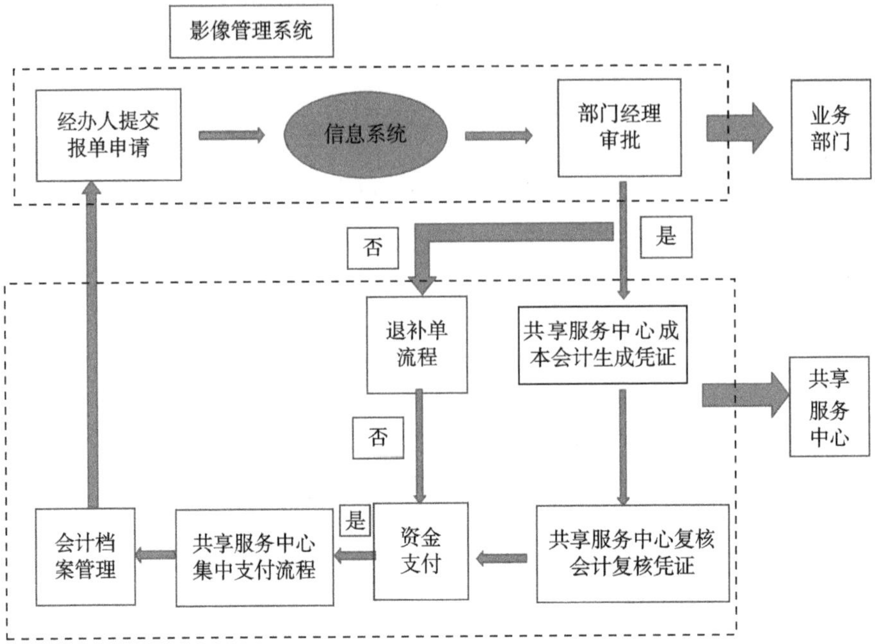

图 3-5 财务共享服务中心费用报销业务流程图

在实施了财务共享服务之后，提交费用报销的人员通过客户端登录系统，填制费用报销的原始单据，单据通过影像系统自动传入到信息系统，部门的负责人对系统中的原始单据审批，审批不通过的单据通过补退单据的流程重新返回；而符合规定的审批通过的单据则会上传到财务共享服务中心去，共享服务中心的会计生成凭证，并对凭证进行复核，审核通过后，财务共享服务中心通过银联进行集中的资金支付。

2. 采购付款板块及功能

在建立财务共享服务中心前，各分支机构分别对自身的采购付款业务进行负责，这种繁琐且重复性较高的业务流程很大程度上浪费了企业的资源。建立了财务共享服务中心后，各分支机构的采购付款业务集中到财务共享服务中心进行统一处理。各分支机构可以根据不同的需求状况进行部分较为特殊、金额较小的采购业务，而大型的采购付款业务必须由共享服务中心集中处理。采购付款业务流程如图 3–6 所示。

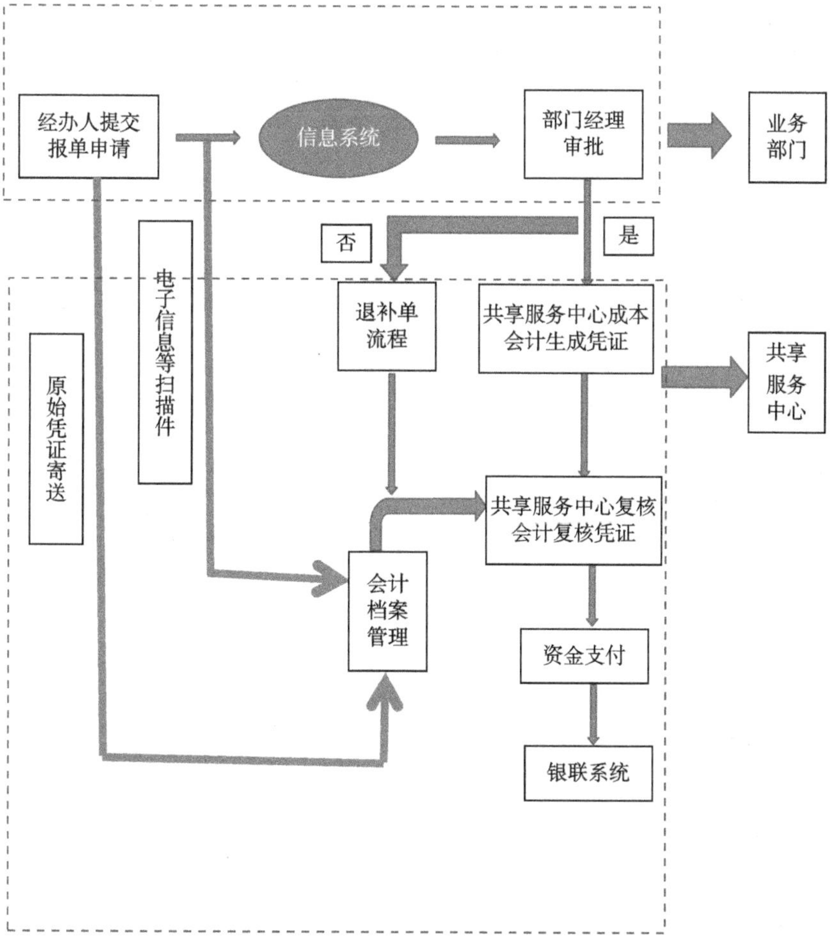

图 3–6　财务共享服务中心采购付款业务流程图

各分支机构项目部的业务人员在进行采购付款业务时签订相关的业务合同，随后提交相关保障申请，将合同等原始单据上传到信息系统中，部门经理对系统中的原始单据审批，审批通过的符合规定的采购付款合同将上传至财务共享服务中心，中心的会计根据原始单据生成记账凭证，并对凭证进行二次审核，审核通过后，通过银联系统进行集中的资金支付；而对于审批不合格的合同则会根据补退单据流程返回。

3. 销售收款板块及功能

建筑施工企业销售收款业务与其他企业并不相同，因为建筑施工企业的销售业务主要是工程项目，需要与客户单位签订相关的施工合同，根据合同规定收取不同的工程完工进度相对应的款项。在实施财务共享服务前，因为各项目部分散在全国不同区域范围内，因此客户单位通常会直接将款项交给负责工程的项目部，然后由项目部的财务部门进行核对，并生成凭证。而在建立了财务共享服务中心后，中心对各分支机构项目部所对应的客户单位进行集中把控，对客户信息与先前提交的合同等原始信息进行核对，客户再与业务部门进行资金交付业务。销售收款业务流程如图 3–7 所示。

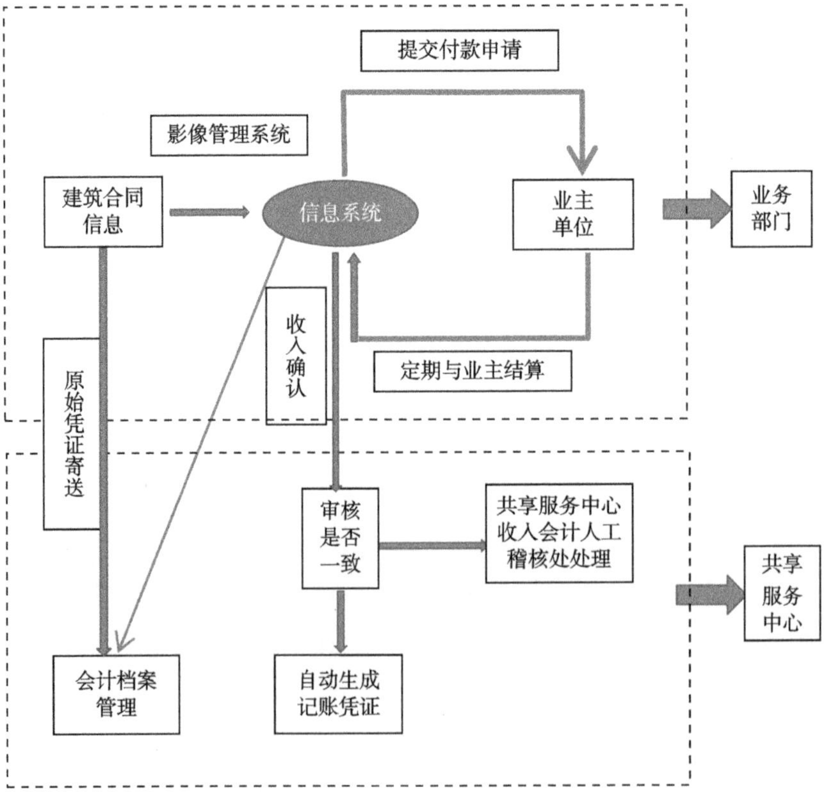

图 3–7　财务共享服务中心销售收款业务流程图

综上，经过大量调研，我们发现建立并运行财务共享服务中心之后能实现如下主要功能及效果。

1. 提升财务的独立性

会计信息失真，信息质量较差，很大的原因在于财务的独立性不够，比如在项目上总会计师要听从项目经理的安排，在工程公司要受工程公司董事长管理，而共享服务中心的级别直接是在局机关的下一级，因此，设立财务共享服务中心可提升财务的独立性。

2. 有助于财务转型

实现财务服务集中化，提升信息集成水平，加快会计职能从“重核算”到“重管理决策”，利用财务管理这个“看得见的眼睛”“管得住的手”，将内部控制制度植入系统中，进一步提高企业内部管控能力，进一步实现降本增效，集中力量办大事，有效助力企业高质量可持续发展。

同时，通过共享服务中心逐渐把项目上基础性的财务工作，比如记账、资金收支，单目标编制、报表编制等得到释放，促使项目上的财务人员深入到业务宣传，有助于进一步实现业财融合，比如说合同评审、物资采购、税率选择、供应商选择、PPP 融资模式落地、项目落地、设计解决方案等，最终把机关财务转成战略财务。

3. 降低人力成本

根据德勤与 ACCA（国际注册会计师）联合推出的《中国企业财务共享服务现状与展望》研究报告调查显示，企业通过设立财务共享服务中心能够在很大程度上提升财务部门能力、制定标准的财务流程以降低财务成本。分散的子公司布局只会重复增设财务部门，直接后果就是造成资源浪费和效率低下，共享服务中心成立之后原来分散在众多业务单位的重复性业务现在集中于统一专业的技术平台来完成，节省人力、物力。

4. 提高集团财务运作效率

财务共享服务能集约化和优化业务流程，提高效率和质量，共享服务中心集中处理一些烦琐、重复性强的业务后各个业务单元能够更专注于自己的核心业务。财务共享服务的特点之一就是财务流程的标准化。共享平台一旦落成，员工分工协作，一个财务人员可以负责多家子公司的账务工作，且最大限度地达到专业化要求，大大提高了工作效率。这种效率主要体现在：从一笔业务发生到账务处理所耗时间的缩短、资金使用效率的提升以及成本的节省等。

5. 强化信息沟通

共享平台不仅是一个财务集中处理的系统工具，更是连接员工与员工之间有效沟通的桥梁。集团高层与员工之间、集团员工与子公司员工之间都可以通过平台实现信息的交流与互换，极大地提高了信息流通的效率。例如，某家子公司的账务处理出现问题，通过共享平台可以马上反馈出来，这样就可以避免其他的子公司出现类似的问题。而信息沟通效率的提高可以节省工作耗时，让员工有更多的时间开展其他工作。

6. 加强财务风险管控

财务共享服务中心模式将业务单位审核、支付及核算业务职能集中上收，可以减少执行偏差及暗箱操作，便于总部职能部门及内审部门进行集中监控，降低运营风险。财务共享服务的建立，通过统一会计核算的标准，可以改变子公司财务各唱各调的混乱局面，同时资金账户的统一上收，总部可以有效掌握资金动向，实现资金的沉淀，有效防止子公司裹挟甚至私设小金库情况的发生，提升资金使用的效率和安全性。财务除了日常会计核算以外，还会涉及税务和预算等财务管理方面的重要决策。实施财务共享后，可以从集团角度出发做到精确化的预算，同时会计处理也可以更加灵活。此外，共享后每项业务专人管理，互相对比，也是规避财务风险的重要手段。

七、中央企业财务共享服务中心特色调研

本章关注中央企业及施工企业财务共享服务建设模式，通过对标世界一流企业最佳实践，为A集团公司集团财务共享服务中心的建设提供借鉴和参考。

（一）中央企业财务共享服务中心建设

通过行业研究与公开信息，我们发现，中央企业财务共享服务中心建设呈现以下特点：

1. 中央企业中已有一半企业建立或正在建立共享服务中。96家中央企业中，已建立或正在建立共享服务中心（包括已建立、初步试点和规划中）的企业有48家，占比50%。

2. 共享服务中心运营时间较短。已上线运营（含已建立和初步试点）共享服务中心的37家中央企业中，运营时间为1年以内的有7家，占比约19%；运营时间为1~3年的有17家，占比约46%，即共享服务中心运营时间在3年内的达到了65%。

3. 半数以上央企选择由下级单位分别建立共享服务中心。已上线运营（含已建立和初步试点）财务共享服务中心的37家中央企业中，有24家企业由下级单位分别建立共享服务中心，占比约65%。这种模式下，央企可选择下级单位作为试点，对财务共享服务模式进行验证，建设难度相对较小，有利于成功经验的迅速推广，但规模效应弱于集团统一建立的模式。

4. 建立共享服务中心的目的多为加强管控、降低财务风险。中央企业对于国民经济作用重大，同时还承担着社会责任。其特殊的性质，导致央企建立财务共享服务中心并非单纯为了降低成本，更是为了加强管控，避免国有资产的流失，降低财务风险。

5. 共享服务中心的职能主要聚焦于财务。相对企业的其他职能而言，

财务工作更容易进行标准化和流程化。中央企业共享服务中心的职能主要集中于财务，仅有个别企业共享服务中心承担了其他职能。

6. 共享服务中心的运营管理机制尚处于初步阶段。中央企业共享服务中心运营时间较短，现阶段的主要目标是提高效率与质量，虽然尚未构建成熟的运营管理体系，但部分企业逐渐开始关注共享服务中心运营管理机制的完善，以实现持续不断的价值增值与创新。

（二）中央企业财务共享服务中心的战略布局

由于管控模式的差异，中央企业在建立共享服务中心时采用了不同的战略布局，本报告将其分为四类：集团层面建立统一的共享服务中心、按区域建立多共享服务中心、按业务板块建立多共享服务中心，以及下级单位单独建立共享服务中心。在已上线运营（含已建立和初步试点）的 37 家企业中四类建设模式所占比例分别为 22%、8%、5% 和 65%，包括中国铁建在内的绝大多数央企都采用下级单位单独建立共享服务中心模式。

1. 集团层面建立统一的财务共享服务中心

集团统一的财务共享服务中心是指将整个集团各单位的财务流程集中至一个统一的共享服务中心来处理，服务于全集团所有的业务单位，通过业务流程再造和优化，为企业提供规范、高效的财务服务。业务单位的财务人员可以将精力聚焦于增值型的财务工作，帮助业务创造价值。

包括中国宝武钢铁集团在内的中央企业中有 8 家企业采用这种模式，占比约 22%。建立集团统一的财务共享服务中心，能够更好地发挥规模效应，有利于财务流程、数据标准、信息系统在整个集团的统一，也有利于最佳实践和业务创新在集团内深化应用。并且，由于统一的共享服务中心业务规模大、人员数量多、管理要求高，管理者有更强的动力应用多种管理工具和信息技术，来提升财务共享服务中心的运营管理和自动化水平。

这种模式下，财务共享服务中心在建设初期需要考虑全集团各个单位的业务差异化，需要进行长时间的深入调研，全面进行流程再造与信息系统规划设计，实施难度最大。

2. 按区域建立多个财务共享服务中心（集团统一管理）

将企业集团不同单位按照地理分布划分为不同的区域，将财务流程集中至就近区域的财务共享服务中心进行处理。

目前，包括中石油在内的 3 家中央企业选择了这种模式，占比约 8%。区域财务共享服务中心通常在企业业务单位比较集中的地区设立，也能够较为充分地实现规模经济。同时，由于共享服务中心靠近所服务的业务单位，沟通较为便利，在建设初期，人员的集中较为容易实现。

3. 下级单位单独建立财务共享服务中心

一些企业选择下级单位作为试点，实践财务共享服务模式，成功运营后逐渐推进财务共享服务在集团范围内的实施。

央企中有 24 家企业选择这种模式，占比约 65%。同时，在 7 家运营时间超过 5 年的企业中，有 6 家企业属于这种模式。这种模式下，企业的各个业务单位可设计符合自身特点的业务流程，建设难度相对较小，能够在集团内部快速建立样板点，树立信心，有利于成功经验的迅速推广，但相比前两种方式，较难发挥规模效应。中国铁建、中国交建等建筑类央企均采取这种模式。

4. 按业务板块建立多个财务共享服务中心

一些企业经营范围广、产业链复杂，建立集团统一的共享服务中心实施难度大，因而将业务性质相似的企业集中，建立业务板块财务共享服务中心。

中央企业中仅有 2 家选择了这种模式，占比约 5%。这种模式易于进行同类业务流程的重构与优化，在同一业务板块中，财务共享服务模式易于复制和推广。

（三）中央企业财务共享服务中心的组织模式

中央企业财务共享服务中心在集团或企业内部的组织模式可以分为三类：（1）企业或企业集团的一个部门，属于财务部下属部门或平级部门，向财务部总经理或总会计师汇报。（2）企业或企业集团的事业部，独立于财务部门，通常不仅提供财务共享服务，还包括人力资源、IT 等共享服务，属于多职能中心。（3）集团下属独立公司，对集团内部各个单位提供服务。这种模式下财务共享服务中心作为法人形式独立运营，需要与被服务对象签订服务水平协议并进行结算。

根据公开信息，大多数央企财务共享服务中心的模式是集团或下属单位的一个部门，极少数已经成为独立公司，以法人形式运营，例如中国石化。成为独立公司之后，财务共享服务中心在战略规划、业务模式、人员招聘、资金预算、信息系统等方面拥有更多的自主权，也会更关注客户服务、流程优化等精细化管理方面的问题，这在一定程度上会促进共享服务中心降低成本、提高工作效率和服务质量。同时，共享服务中心也更有动力不断拓展业务范围，由财务共享服务中心向多职能共享服务中心发展。

（四）与世界一流企业财务共享服务中心的对标分析

世界一流企业需要卓越的财务管理能力加以支撑。财务共享服务中心的建立，让跨国企业如 IBM、通用电气（GE）、壳牌（Shell）、西门子（Siemens）和施耐德等，能够整合全球资源，将可复用的核心财务能力集中在共享服务中心，从而提升流程标准化，强化风险管控，促进业务财务一体化，实现价值创造。

国外一流企业均建立了财务共享服务中心并成熟运营多年。根据观察，对标世界一流企业，央企的共享服务中心在运营情况、战略布局、职能范围等维度存在一定差异，如表 3–3 所示。

以下将从建立目的、战略布局、服务范围、职能范围、选址和运营管理六个方面进行对标分析，为央企建立财务共享服务中心提供借鉴，加快央企建设世界一流企业的步伐。

表 3-3　对标国外一流企业分析情况

维度对比	世界一流企业共享服务中心	中央企业共享服务中心
建立目的	降低成本、提高效率、增值服务	加强管控、提高效率、为经营决策提供分析
战略布局	大部分在全球范围内建立区域共享服务中心	大部分在国内建立各分、子公司单独的共享服务中心
服务范围	大部分已覆盖全球大多数分支机构和分子公司	大部分已覆盖国内大多数分支机构和分、子公司
职能范围	涉及财务、IT、HR、采购等多种职能	以财务职能为主
选址	综合考虑成本、人力、语言等因素进行选址	主要选择公司总部或办公场所所在地
运营管理	有成熟运营管理体系	进行了初步的运营管理活动，如质量管理等

1. 财务共享服务中心的建立目的

在共享服务领域起步更早的外资企业更加关注财务共享服务中心在降低成本、提高效率、提升服务质量等方面的成效。例如，降低成本是通用电气（GE）共享服务中心建设之初最为重要的目的。随着共享服务中心不断地发展，通用电气从效率提升带来的巨大收益中觉察到共享服务中心在创造价值方面巨大的潜力，不断扩大共享服务中心的职能范围，让各业务板块可以专注于自身业务的发展，无需将注意力分散于日常运营管理。而通用电气的共享服务中心也逐步发展成为一家独立的业务流程外包和信息技术服务外包商——简柏特（Genpact）。

中央企业对于国民经济作用重大，同时还承担着社会责任。其特殊的性质，导致央企建立财务共享服务中心并非单纯为了降低成本，更是为了加强管控，避免国有资产的流失，降低财务风险。例如中广核以强化管控手段和在线监督为主要目标建立了创新型财务共享模式，受到了主管部门和业内的充分肯定。

2. 财务共享服务中心的战略布局

战略布局是建立财务共享服务中心的重要决策，也是第一步工作。战略布局是共享服务中心的顶层架构，决定了建立共享服务中心的数量以及职责与服务范围如何划分。成熟的共享服务中心服务范围会逐渐拓展至全球，其战略布局主要分为专长型共享服务中心、区域型共享服务中心、全球型共享服务中心三种。

（1）区域型共享服务中心，是企业将全球/全国某一区域范围内分支机构的财务工作集中整合到一个中心，整合区域内资源，较为充分地实现规模经济的一种模式。通用电气（GE）、壳牌（Shell）、西门子（Siemens）、施耐德（Schneider）、ABB、花旗银行（Citibank）、华为等在全球范围内建立了多个区域型财务共享服务中心。以壳牌（Shell）为例，在全球范围内建立六大区域中心，每个区域型共享服务中心可对外提供不同业务类型的服务。

（2）专长型共享服务中心，设置单个或单类业务流程的卓越中心，比如专门处理供应商对账结算的财务共享服务中心、专门处理固定资产核算的财务共享服务中心等。这种方式适用于企业内某类工作量非常大且非常标准化的业务，应为企业培养这类职能的专家，如果专长中心涉及海外业务，也需要考虑不同地区的法规差异。

实际上，很多企业会在区域中心之下或平行于区域中心同时设立专长中心，如壳牌（Shell）各个共享服务中心在职能划分上有所不同，会计报告、客户服务由各共享服务中心承担，为所管辖区域内业务单元服务，而像格拉斯哥中心仅承担集中报销业务，为壳牌全球各单元服务。集中报销业务是建立在壳牌对其员工的“信用机制”以及健全的“防欺诈”内控体系下，利用公司信用卡及集中报销平台为壳牌全球员工提供差旅及交际费用报销。

（3）全球型共享服务中心，是将企业全球内可以集中的财务业务都通过一个统一的共享服务中心进行处理。全球中心规模经济优势最明显，各项业务流程和制度规范标准化程度高，但需要应对不同国家和地区的法律法规，需要面对语言、文化、时差等差异，需要考虑各个分支机构的业务差异化，实施难度最大。对于有海外业务的企业来说，建立共享服务中心对全球信息系统的统一、人员技能（语言等）都有较高要求，应对全球会计准则、税务法规的差异都会面临较大压力，管理难度也最大。惠而浦（Whirlpool）、中兴通讯等建立了全球共享服务中心。。

央企财务共享服务中心的国际化部署还处于起步阶段，国内业务大多倾向于采用下级单位单独建立的模式，也有部分企业在国内建立了区域型共享服务中心。总体来看，央企集团内部存在多个共享服务中心，为了实现不同中心之间的统一与协调，总部需要统一进行管理。这种战略布局可以在一定程度上保证流程的标准化和运营的协调，但对规模效应的进一步发挥存在制约。为更好地适应企业全球业务拓展，建立世界一流企业，央企建立财务共享服务中心可根据自身情况规划战略布局。

3. 财务共享服务中心的服务范围

随着共享服务中心标准化程度不断提高、运营管理体系不断规范，其服务范围会逐渐扩大至企业集团大多数分、子公司和分支机构，甚至对外部机构提供服务。SSON（共享服务中心与外包国际社团，Shared Service and Outsourcing Network）《2019 年全球共享服务行业报告》显示，32% 的共享服务中心服务范围是区域，37% 的共享服务中心服务范围是全球，基本上覆盖了集团在全球范围内大多数分支机构和分、子公司。而在已建立财务共享服务中心的央企中，65% 的企业选择下级单位单独建立的模式，仅覆盖集团国内的部分单位，全球覆盖范围较小。

4. 财务共享服务中心的职能范围

相对企业的其他职能而言，财务工作更容易进行标准化和流程化，因此最早的共享服务集中于财务职能，后来逐渐延伸拓展至其他职能。根据 ACCA（特许公认会计师公会）、中兴新云与上海财经大学联合发布的《2018 年度中国共享服务领域调研报告》，41.6% 的企业期望在未来拓展共享服务中心的职能，发展多职能共享服务中心。如通用电气（GE）全球运营中心涵盖财务、采购、海关、设施管理、薪酬、人力资源运营等。

中央企业共享服务中心的职能主要集中于财务，仅有一小部分建立了多职能中心，如中石油、中国宝武的共享服务中心提供财务和人力资源共享服务，中石化的共享服务中心提供财务、人力资源和 IT 共享服务。

5. 财务共享服务中心的运营管理

财务共享服务中心上线运营并不是终点，建立长效优化机制，完善运营管理体系，才能使其成为企业创造价值的部门，进而促进企业完成财务转型。世界一流企业更关注财务共享服务中心的运营管理，采用大量管理工具进行评估和优化，包括六西格玛管理、质量管理、绩效管理等。施耐德（Schneider）应用质量管理和精益管理等对共享服务中心进行优化，致力于成为财务共享领域的领军代表；通用电气（GE）采用六西格玛管理、精益管理以及 FastWork① 等对共享服务中心进行运营优化，全面提升服务质量，保持国际竞争力。

央企共享服务中心运营时间较短，现阶段建立了质量管理、客户沟通等初步的运营优化制度，尚未构建全面成熟的运营管理体系。但是，部分企业逐渐开始关注运营管理体系的完善。实际上，基于成本与效率的持续追求，很多全球化企业将共享服务中心的运营工作外包给合适的 BPO（业务流程外包）服务提供商，以获得进一步的业务增值。如飞利浦（Philips）在 2007 年将财务共享外包给印孚瑟斯（Infosys），由 Infosys 负责整合并运营其设置在波兰、印度和泰国的共享服务中心。

① Fastwork，GE 根据精益创业的思想开发的快速工作法，其核心是敏捷试错与快速迭代，适用于产品的推出、新模式或新策略的规划调整等

但是出于信息安全及管理控制方面的考虑，目前很多中国的大企业并没有将公司的财务流程进行外包，尤其是中央企业。随着财务共享服务模式的不断推广，企业财务职能划分越来越明确，岗位任务定义越来越清晰，财务共享服务的外包化将可能成为未来的发展趋势，将标准化和规范化的业务流程外包给第三方，保留附加值更高的部分在企业内部，以获得更大的经济效益。

第四章　财务共享模式下风险点识别及分类

财务共享服务中心管理模式以其高效率、低成本给企业带来便利的同时，也因其系统的复杂性和集成性给企业带来了一定的财务风险。由于我国财务共享服务中心起步较晚，理论知识不完善，财务共享服务中心的构建应该包含哪些系统，财务共享服务中心应当如何运行，传统财务在财务共享服务中心应该如何分割等等，这些无不困扰着企业的管理者。现阶段，财务共享服务中心的建设与运营风险成为学者和业内人士尤其重视的一个问题。在财务共享服务中心导入前的选择、导入后的运作和管控的整个过程中，均存在一定的风险，如系统选择不当、项目团队能力不足、高管层参与度不高、主要使用者参与度低、缺乏训练与指导、不当的企业流程再造、缺乏管理性的指引、无效的项目管理技术、不当的变革管理、缺乏咨询服务、系统供货商的稳定性不佳与战略规划不合理。财务共享服务中心串联整个企业功能，疏于风险管理，很可能会导致企业巨额亏损。因此，财务共享服务中心的风险管理是保证整个企业顺利营运的关键要素之一。对标世界一流公司，我国建筑施工企业财务共享服务中心在运营情况、战略布局、职能范围等维度亦存在一定差异，风险管控能力亟待加强。

一、成功实施财务共享服务的关键要素

通过对国外实践进行调查表明，大多数组织实施财务共享需要 1—2 年的时间，全球最大的企业管理软件供应商德国 SAP 公司成功建立亚太区共享服务中心用了 6 年时间。财务共享服务战略的成功实施需要经历四个

阶段，即评估阶段、设计阶段、实施阶段和完善阶段。其中人员和文化、流程和组织、技术和系统是成功实施财务共享的关键要素。

（一）人员和文化

财务共享服务中心不同于传统的内部辅助职能，需要对顾客（业务部门）负责。因此财务共享服务战略的成功实施需要从观念转型入手，营造以共享服务为核心的财务文化。财务理念决定了企业财务团队的角色定位和财务价值。随着观念的转变，财务角色及定位将从“账房先生”、“警察”向“业务合作伙伴”和“价值创造者”发展，财务角色和定位的发展促使财务人员不仅要做好基础工作，履行好核算、监督和控制的职能，更重要的是充分利用和挖掘信息，前瞻性地策略理财，深入到业务的商业机会与风险评估过程中，成为公司的业务伙伴和公司价值的创造者。财务团队成员诚实地进行开放的沟通，保持良好的学习风气和建立适合的企业文化，不断提高服务质量和顾客满意度，鼓励进行持续改进，从而形成动态的良性闭环循环管理系统。

（二）流程和组织

在建立财务共享服务中心时，先将原组织的分散流程进行集中，再在财务共享服务中心内部进行流程再造效果颇佳。财务共享服务流程设计的重点在于按照顾客（业务部门）的需求重新设计流程，对共性流程尽可能简化和标准化，以确保服务效率和顾客满意度的最大化。根据企业的实际状况和战略需求，如顾客满意、降低成本、集团管控、支持全球增长等选择和设计财务共享服务的组织结构。引导管理活动与组织目标相一致的绩效评估体系，包括作业成本导向的评估标准以及共享服务记分卡等，绩效评估报告与服务水平协议共同保证财务共享服务达到预期目的。财务共享服务中心的管理层除对内部运作效果进行评估之外，也利用市场调研、销售或费用分摊数据以及客户需求的变化研究客户行为，而集团公司管理层则关注评估成本、增长率和对业务部门需求的反应速度。财务共享服务中心成功运行后面临的主要任务不仅包括核算、监督和控制，更重要的是服务、支持和价值增值，以保证流程、质量、时间与成本的持续改进。从财务共享服务实践来看，对流程和组织的持续改进会在运行阶段产生显著的成本节约，但在此阶段重点在于避免由于流程的变化而导致服务质量的下降。

（三）技术和系统

由于财务共享服务中心具有信息密集的特征，因此技术的合理运用对于财务组织提供有效的服务活动是基础和保障。与财务共享服务中心的实施和长期运营相关的信息技术包括三类：基本信息技术（包括硬件、软件和系统）、一般目的的信息技术（包括数据存储、数据处理、数据通信、数据输入 / 输出、数据分析等数据库管理系统）、共享服务流程特有的信息技术（包括能够进行一般性会计处理、工资支付处理、采购、税款处理和交易处理的软件包）。另外，一些突破性信息技术也已经改变了财务共享服务的运作方式，如语言处理、声音接口技术、无线系统等等。其中基本信息技术和一般目的的信息技术具有通用性，而流程特有的信息技术具有专用性和提供支持高效性。技术和信息系统是建立财务共享服务中心最大的资本投资，但从长远来看，这些投入能为企业节约成本并提高服务质量。财务共享服务战略实施前后，人员、流程、技术三大核心要素会发生显著的变化，具体见表 4-1 所示。成功实施财务共享服务，必须充分利用信息网络进行财务流程再造，实现人员、技术、流程（业务流程、会计流程、管理流程）的有机整合，从而优化资源配置，创造和提升企业价值。

表 4–1 财务共享服务战略实施前后三大关键要素的转变

	财务共享实施之前	财务共享实施之后
人员和文化	职能部门人员	服务提供人员
	成本费用中心	财务共享服务中心（不同于责任中心、投资中心、利润中心和成本中心）
	核算、监督和控制	服务、支持和增值
	对部门和企业负责	对顾客（业务部门）负责
流程和组织	集权或者分散管理	集中管理
	未充分考虑业务部门的需求	按照业务部门的需求设计流程
	分散、未优化财务作用流程	简化、标准化的财务处理流程
	管理费用高	管理费用大大缩减（30% 或者更高）
技术和系统	通用性	专业性、提供支持高效性
	信息口径不一致	从业务端统一口径确认数据，集成数据仓库
	基本信息技术和一般目的的信息技术	基本信息技术、一般目的的信息技术共享服务流程特有的信息技术
	实施过程相对简单	实施过程过于复杂、技术风险高

二、财务共享服务关键风险点的界定

财务共享服务战略在建设和实施过程中面临的主要风险包括：财务共享服务中心的选址；结合实际和公司战略对财务共享模式的选择；高额的初始投资，较长的盈亏平衡期；制定新流程和制度，通过服务合约进行规范化服务关系管理；冲击原有体制带来的企业文化风险，因为从行政等级制变为业务合作伙伴，一开始会受到抵制降低效率；工作交接过程中及之后对于员工的持续激励以保持工作热情和积极性；技术和信息系统的合理选择及集成运用；共享服务中心成熟后的控制，等等。风险管理是一个持续的过程，其应对策略之一就是预测风险区并尽早识别，与成功实施财务共享服务战略相关的风险主要分为下面三个层次：

（一）战略层面的风险

1. 变革管理风险

财务共享服务无论是理念还是运作模式对企业来讲都是新的，它将会对企业原有的管理流程、决策方式、企业文化甚至利益分配格局形成冲击。因此，在推行初期，一部分人必然会采取消极态度。根据变革管理理论，一项大的管理变革在推行初期，一般有 20% 的人支持，20% 的人反对，60% 的人持观望态度。变革成功的关键在于能否使 60% 的观望者持支持态度。因此管理层对此项管理变革的认识和重视程度可以在企业内创造出管理变革的舆论氛围，形成变革的紧迫感，促使持观望态度的管理人员和员工转变观念。

2. 选址管理风险

办公地点的选择标准一般包括通信设施的发达程度和通信费用；劳动力的成本、质量和数量；税收政策和法律法规；与最终客户之间的距离；当地的环境等因素；办公地点的租金成本和可选择的范围；关键管理员工和职员的工作意愿，等等。选址的成功将会为财务共享服务战略的成功实施迈出重要的一步。

3. 服务关系管理风险

服务层次协议是服务关系管理中至关重要的一个组成部分，是业务部门与共享服务中心之间达成的一项协议。服务层次协议将定义服务的范围、成本和质量，并将其书面化。服务层次协议使得财务共享服务不同于单纯的职能合并，更加注重客户（内部业务部门）的满意度。服务层次协议的内容一般包括收费的频率和方式、定价模式、权变因素、质量标准、职责、提供服务的内容、时间期限、适用范围、自主权等等，根据企业的具体情况来确定。

（二）组织层面的风险

在财务共享服务中心实施过程中，有可能由于缺少面对面的沟通和交流而导致服务缺乏人性化。

1. 员工风险

与员工管理相关的成功因素包括：高层管理的全力支持；各级管理层的认可；人员定位和关键业务合作伙伴；对员工的教育和培训方案；管理团队思维灵活擅长解决各种问题；持续沟通了解和管理各种变化；与人力资源部门合作确定财务共享服务中心的员工配置等。

2. 沟通风险

任何变革的成功实施都有赖于沟通策略的有效配合，沟通策略包括沟通渠道、沟通信息、沟通时间、沟通场所、沟通对象等。如果缺乏有效的沟通渠道，沟通策略的实施必然存在极大的风险。绝大多数员工的阻力源于员工对不好的变革结果的不安全感，或者是由于财务共享服务中心与企业内部主导文化的不适应，因此尽早、尽可能与员工进行坦诚的沟通非常关键。

3. 文化风险

文化差异及其影响是财务共享服务战略成功实施的重要变量，它主要体现在价值观差异、传统文化差异、宗教信仰差异、语言和沟通障碍等方面。文化差异是组织获得业绩的潜在障碍，但如果能够进行有效管理则是一种增值活动：改善解决问题的能力、增加创意和创新、增强灵活性、获取优秀资源、降低成本开支等。文化差异给财务共享服务带来了机遇和挑战。

（三）执行层面的风险

1. 技术风险

与财务共享服务中心的实施和长期运营相关的信息技术包括基本信

息技术、一般目的的信息技术、共享服务流程特有的信息技术。在信息技术的使用过程中存在的主要风险在于存档、可测量性、产能、安全性、接口、标准、反应度、可用性等方面。

2. 法律风险

财务共享服务中心所覆盖的区域中的各个国家和地区在法律、法规和税务政策上不尽相同，这将会造成服务中心在业务处理上需要照顾到各个国家的特殊情况，尤其是服务中心所在国家的法律和法规。

三、财务共享模式下风险管理的目标设定

陈秉正在其所著《公司整体化风险管理》（清华大学出版社）一书中认为，风险管理的整体目标是使企业价值最大化[44]。风险管理就是通过减缓风险给企业价值造成的损失，来增加企业的价值。这一目标实际上也是当今公司财务管理以及经营管理的基本目标，即实现企业价值最大化。我国大型中央企业全面风险管理手册指出，风险管理的总目标是：建立风险战略清晰、风险管理组织机构健全、内控制度完善、风险管理职责明确、风险管理信息系统有效运行的全面风险管理体系，使公司的风险管理工作有序开展，形成公司持续、健康、快速发展的长效机制。

国务院国资委《中央企业全面风险管理指引》第七条指出，企业开展全面风险管理要努力实现以下风险管理总体目标：1. 确保将风险控制在与总体目标相适应并可承受的范围内；2. 确保内外部，尤其是企业与股东之间实现真实、可靠的信息沟通，包括编制和提供真实、可靠的财务报告；3. 确保遵守有关法律法规；4. 确保企业有关规章制度和为实现经营目标而采取重大措施的贯彻执行，保障经营管理的有效性，提高经营活动的效率和效果，降低实现经营目标的不确定性；5. 确保企业建立针对各项重大风险发生后的危机处理计划，保护企业不因灾害性风险或人为失误而遭受重

大损失[①]。

COSO委员会发布《企业风险管理——整合框架》认为，企业风险管理的一个基本前提是每一个主体，不管是营利性的、非营利性的，还是政府机构，存在的目的都是为它的利益相关者提供价值。企业风险管理使管理当局能够有效地处理不确定性以及由此带来的风险和机会，从而提高主体创造价值的能力。当管理当局制定战略和目标，去追求增长和报酬目的以及相关的风险之间的最优平衡，并且为了实现主体的目标而高效率和有效地配置资源时，价值得以最大化。企业风险管理能够帮助管理当局实现主体的业绩和盈利目标，并防止资源的损失。企业风险管理有助于确保有效的报告。它还有助于确保主体符合法律和法规，避免对主体声誉的损害以及由此带来的后果。总之，企业风险管理不仅帮助每一个主体达到期望的目的地，还有助于避开前进途中的隐患和意外。

简单地说，企业风险管理的目的就是增加企业的价值。并且，COSO整合框架将主体的目标分为四类：战略——与高层次的目的相关，协调并支撑主体的目标；经营——与利用主体资源的有效性和效率相关；报告——与主体报告的可靠性相关；合规——与主体符合适用的法律和法规相关。COSO的这种分类使我们可以关注企业风险管理的不同侧面。这些各不相同却又相互交叉的类别——一个特定的目标可以归入多个类别，反映了不同的主体需要，并且可能成为不同管理者的直接责任。

《3C框架——全面风险管理标准》[②]认为，根据我国企业的实际情况，现阶段开展全面风险管理工作，至少应达到以下总体目标：1.控制风险目标。企业风险水平要永远控制在可接受的范围内，也就是要将风险控制在与总体目标相适应并可承受的范围内，这是全面风险管理的主要目标。2.处理危机目标。企业风险一旦发生就变成危机，造成程度不同的损失，

---

① 关于印发《中央企业全面风险管理指引》的通知．国资发改革［2006］108号．2006.

② www.coso.org

这是全面风险管理不期望看到的结果。处理企业危机，即提供危机处理解决方案，将危机造成的损失降低到最低程度，是全面风险管理不可忽视的目标。3. 把握机会目标。企业坐失良机，实际上最大的风险。企业发展，不仅要管理风险，还应抓住机会，促使企业把握发展的良机，是全面风险管理的一个积极目标。4. 增强风险意识目标。我国企业风险意识不强，通过全面风险管理工作，促进企业增强风险意识，进而增强全社会的风险意识，是全面风险管理总体上期望达到的一个基本目标[45]。

综上，我们认为财务共享模式下企业风险管理的目标具有不同的层次和不同的侧面。既有远期目标，又有近期目标；既有总目标，又有分解目标。我们根据企业风险管理与企业总体目标的关系以及风险管理的作用，将财务共享模式下企业风险管理的目标分为三个层级：

第一层级：实现企业总战略目标，实现企业价值最大化。这是共享模式下风险管理的最终目标。

第二层级：控制风险，这是共享模式下风险管理的直接目标，这个层级的目标可细分为控制风险目标、处理危机目标和把握机会目标。

第三层级：增进企业文化建设。通过风险管理意识的增强、风险管理制度的建立、风险管理组织的设置以及风险管理流程的运行，使风险管理融入企业文化之中，使企业建立起与现代经济社会相适应的企业文化，并实现企业的可持续发展，这是共享模式下风险管理的精神目标。

四、实地调研 A 集团公司财务共享服务概况

（一）构建背景

A 集团公司实施财务共享服务的必要性主要有以下三点：一是政策支持；二是行业特点；三是自身发展需求。

1. 政策支持

财政部和国资委等相关机构自 2013 年起就对国有企业提出要求，鼓励企业建设财务共享服务中心。财政部在相关文件中明确了：成员单位数量多、业务分布范围广的企业和企业集团应寻求通过信息技术集中财务核算，实施财务共享服务。

2. 行业特点

实施财务共享服务的企业需要有雄厚的资金支持，一般适合大中型企业引入，大型建筑企业资金实力强，下级核算单位多、业务类型单一、成本类业务少而费用及支付类业务多，所以一旦建立起网络报账系统就能较好地实现会计核算的集中管控。如此一来，财务共享服务的实施成本和难度可控。

3. 自身发展需求

传统的分散式会计核算需要在各分支机构配备完整的财务人员，组织效率低下，成本提升，而且制约了财务组织的业务支持能力和战略推进能力，财务人员有限的精力被频繁的点对点的沟通消耗，难以激发员工潜力。同时，传统财务重核算，轻管理，随着全球经济一体化的推进，企业面临前所未有的挑战，传统的财务已经不能满足企业集团化发展的需要了。

上述三点驱使 A 集团公司加快建设财务共享服务中心的脚步，而且近年来更多的企业将这种集中的财务管理模式付诸实践。

（二）发展历程

A 集团公司坚持顶层设计先行，统筹布局，个别单位试点实施，逐步完善作业流程，将成功经验推广于集团。

1. 观念导入

观念导入是一项思想意识战术，是财务共享能够顺利实施的关键前提，只有所有人取得一致的共识并接纳后才能有序开展，一味强制进行最后必然会导致各种问题。针对不同人群要采用不同的做法，领导层站位更高，看的是管理成效，而职工层考虑的大多是自身会不会增加工作量、能不能带来现实效益等问题。首先是把构建财务共享服务中心这一计划安排和理论研究引入到A集团公司内部的各个机构和领域，进行观念输送。从领导和职工两个层面双管齐下，对于领导层，共享服务中心要全面地探析目前的趋势与问题，使其敏感地洞察到财务共享服务可用性以及重要性，让领导接受新鲜事物，对其重视，认识到财务共享服务能够给企业集团带来巨大的效益。对于职工层，共享服务中心要着重宣传灌输该服务的可行性、便捷性、高效性，普通职工会因领导推动、制度约束、管理方式变革而思想转变。经过时间推移，领导层学会了接受新的管理模式，职工层借助财务共享模式改变了工作方式。

2. 逐步推行

A集团公司从工程、地理位置、运行资金、人员数量上看，规模都比较大，直接引用财务共享服务中心，各种不协调和矛盾可能会一触即发，导致不可收拾，以失败告终，所以，选择几个财务基础较好的机构前期先进行试验运行是非常有必要的。选取试点单元的条件有：财务人员专业水平素质高，距离财务共享服务中心选址适当，财务工作内容全面，管理问题具有代表性。试点单元选定后着重宣贯《财务共享服务中心试点先行具体实施方案》，突出财务共享的战略位置。

3. 整体过渡

当试点单元财务共享服务取得了一定成效，主要包括：统一原始凭证附件、捋顺审批流程、员工熟练操作各类软件平台、各系统之间数据接口吻合，以及分析解决各种问题相对熟练时，逐步在各三级管理机构中扩展，扎实推进财务共享服务。在网络技术的支撑下，实现了异地办理服务业务的模式，全体员工可以通过手机终端App完成日常业务的财务填报和审批工作，大大缩短财务报销时间。但为保证整个过渡环节的顺利进行，依据 A 集团公司实际工作情况，可将业务分为“费用报销”和“合同结算支付”两大块，分批次按步骤上线，保证财务共享服务中心推广的效率。

4. 全面共享

A 集团公司要想实现财务服务全面共享，在试运行和运行初期必须不断优化和完善业务处理流程，发现不完美之处及时进行调整，达到业务一边办理一边管理的效果。此外，还要加强财务战略性建设，使财务会计和管理会计分开，提升财务价值，提高内部控制系统的有效性。

A 集团公司财务共享服务中心的发展属于市场模式，即到了一定阶段，就不再是原从属相关公司的职能部门，而拥有更多的自主权，对于集团内的成员单位来说，是与其处于平级地位的客户，以服务水平协议的形式规范二者行为。此时，财务共享服务中心既提供会计核算的业务，还提供专业咨询等服务。

（三）组织架构

A 集团公司财务共享服务中心依据职能划分科室，包括资产费用科、收入成本科、总账报表科、资金结算科、票据归档科、运营管理科。实行专人专职，明确划分各科室业务，同类型单据由同一名员工处理，财务人员面对大量的重复业务，能够熟能生巧，提高工作效率。各科室对业务的集中处理，有助于标准化处理业务，明确责权，落实企业制度。如图 4–1 所示。考虑到部门职责分工特点，企业根据财务人员的工作质量和效率分配岗位，日后则根据实际运营情况进行调整。

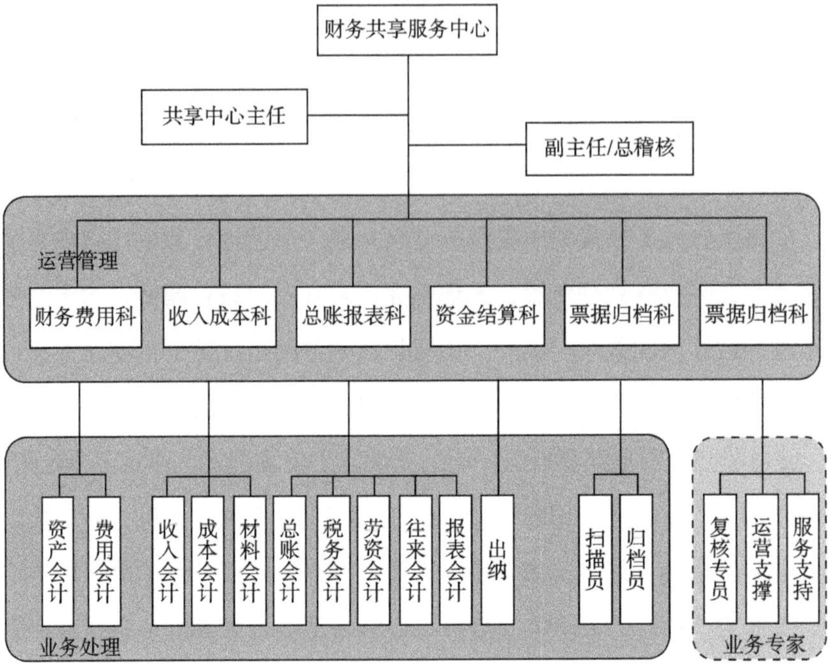

图 4-1　A 集团公司财务共享服务中心组织架构

（四）平台职能

企业 B 作为国内首家实施财务共享服务的企业，拥有较为成熟的运营体系，在降本增效、加强集团管控和财务信息共享方面成效显著，成功经验一直为其他企业集团所学习。A 集团公司在平台建设之初便找了企业 B 做咨询，有许多建设理念都是从企业 B 借鉴而来，特别的是，A 集团公司选择了以法人为单位建立账套的形式。

具体来说，A 集团公司的财务共享服务系统，以基础技术服务平台为依托，包括有会计科目、预算项目、职员、客户、供应商等要素，影像管理平台服务于业主合同、成本预算管理、资金预算、财务核算、债券债务管理、经费管理、共享服务中心，共享服务中心与外部资金系统对接，外部资金系统承担内部贷款、外部借款、网上银行等业务，整个系统联动实现账表一体化和企业增值税管理。财务共享服务中心汇集高质量的财务数据，为企业集团提供决策支持和预算管理。如图 4–2 所示。

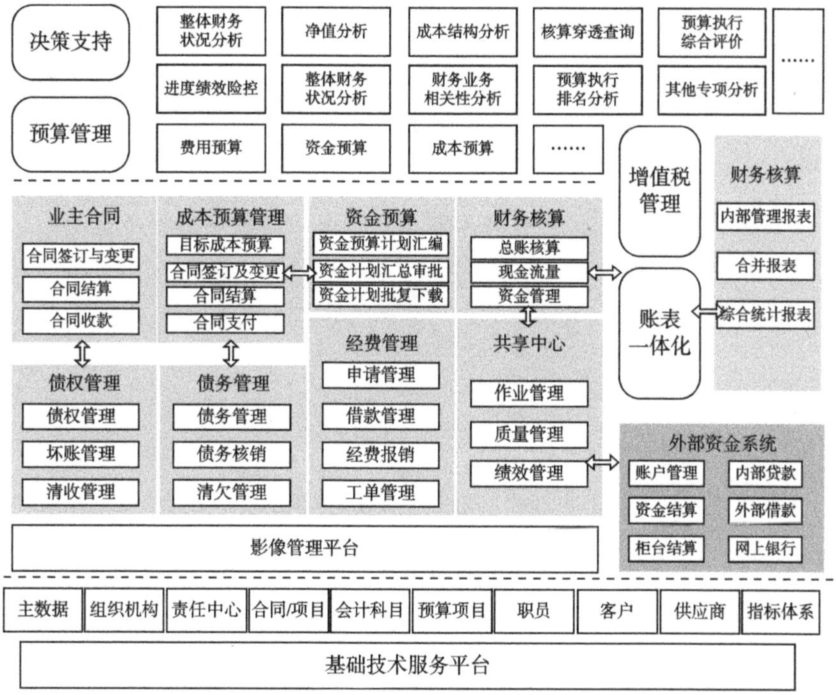

图 4–2　A 集团公司财务共享服务中心组织架构

五、A 集团公司财务共享服务中心主要业务具体流程

财务共享服务中心模式下，在操作流程上要实现标准化，与传统的财务流程相比，统一的财务体系便于集团层面的数据收集与整理，同时符合当下大数据互联网的发展趋势，在此基础上对数据的分析更有参考性和利用性。财务工作的模式也是重新根据职能划分的，包括资金结算、税务、应收应付、总账等，以此分配科室人员，分配好之后，每一科室就需要完成对应的整个集团公司下的所有主体的相关内容，因而此时工作的顺利进行有赖于完善的流程。流程设计要依据具体的流程场景，案例企业的流程

场景主要包括招标、采购、收料、发料、盘点、机器租赁、调配、材料消耗管理、合同管理、工资发放等。根据这些场景，我们可以将流程划分为采购到应付、材料的收发及处置、固定资产、费用报销、合同录入变更到收入成本计算、工资发放等。总体来说，在财务共享服务中心进行的流程是具有重复性、结构性特点的，案例企业的流程管理主要是针对会计核算、资金、税务业务相关的流程。

1.A 集团公司的财务共享服务中心的业务主流程大致是预算编制—员工提单—业务审批—共享审核—财务记账—出纳付款—凭证管理，如图 4-3 所示。

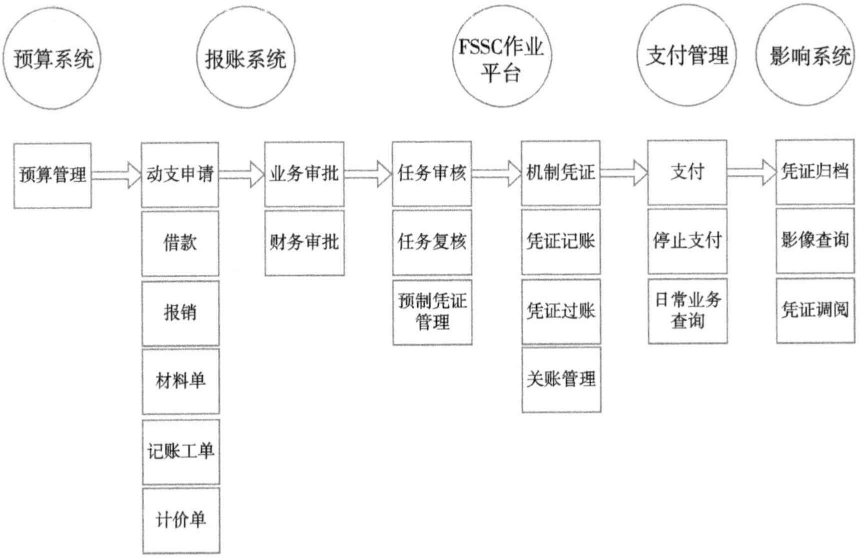

图 4-3　A 集团公司财务共享服务中心的业务主流程

根据上述流程，A 集团公司对各环节进行了规范化的要求，在预算管理方面是要求做周计划、年度计划，包括项目上场的前期策划、成本预算、经费预算、资金预算。具体要求是周计划按时间定期在系统中提交，报销款、供应商款项、工程款、业务招待费等都是由各自部门分别上报，由财务部进行汇总，超过预算水平时，财务部是不予拨付的。工资类的单据根据支付方式不同填写不同的表格，先计提再发放；结算类单据包括对上和对下验工计价单，对上即对业主，对下即对施工方，无论哪方均需引用合同；材料类单据需要经过预点、点验、冲预点三个环节。

2. 关于建造合同收入成本的确认，先在系统中录入建造合同信息，需要提交共享服务中心运维科对其进行维护，维护之后会自动生成部分信息，只有部分内容是需要手动填写的。在期末结账环节，经过共享服务中心的审核，生成凭证。

3. 材料的采购以及收发料流程：

先在合同预算成本管理模块，当采购原材料以及发出材料都要先通过物资合同登记表单登记物资合同，在发票未到的情况下，物资部门填写点验单，此处根据实际价格，如果存在合同中按浮动单价结算，则按合理的预估单价点验。发票到达后做红字冲回，再按照发票金额填写点验单。收料时涉及要在库存管理模块中填写验收入库单，合同预算成本管理模块中填写结算单，然后在应收应付模块填写暂估单，共享服务中心审核后通过应付单将应付暂估款转到应付账款。发料时，会在库存管理模块填制领用出库单发料。采购到支付的流程如图 4–4 所示。

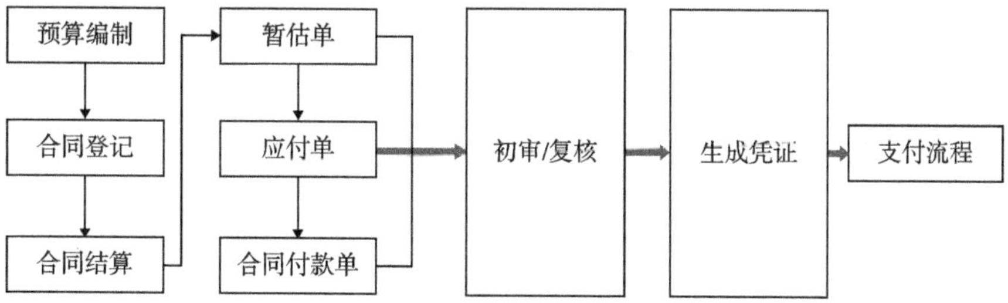

图 4–4　A 集团公司财务共享服务中心的采购到支付流程

4. 支付流程，如图 4–5 所示：

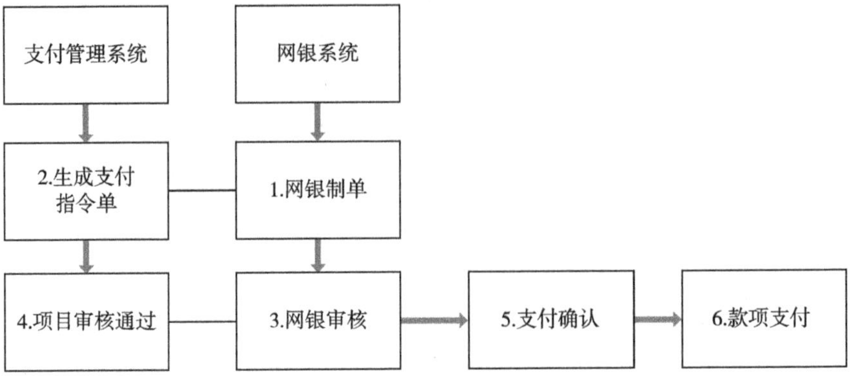

图 4–5　A 集团公司财务共享服务中心的支付流程

5. 费用报销流程

（1）填写申请单，出差、会议费用、业务接待等都需要填写，但是经过审批之后才会到达共享服务中心作业平台，之后在报销时需要引用，不能超过动支申请单的金额；员工借款单，用于员工向单位支取资金；通用报销单，用于简易计税单位的报销和挂账。A 集团公司采用备用金制度，A 集团公司的备用金额度最高在两万左右，报销冲账时间一般在出差或公务处理完成后一个月内完成，至少一个季度要进行一次全面清理，同时报销所用票据等期限超过三个月便无效。因为考虑到会涉及挪用公款、占用资金的问题。

（2）票据的收集以及信息完善，A 集团公司的各个分、子公司和项目部各自收集发生业务的发票，然后对其进行分类整理，完善增值税合同报销单、通用报销单的数据信息，这里会勾稽到合同管理系统，进行真伪辨别，这里涉及发票的认证流程，共享系统能够实现线上实时认证；

（3）扫描工作，纸质版票据要扫描上传至共享服务中心；

（4）审核与凭证生成，共享服务中心对收到的扫面件以及单据进行审核，通过后会生成凭证；

（5）支付环节，通过银企直联可以进行付款。以下是财务共享服务中心的费用报销流程图（如图 4-6 所示），在共享服务中心的系统中，发票经过扫描上传之后可以实现自动的线上认证，该环节与费用报销、税费计缴都存在联系。

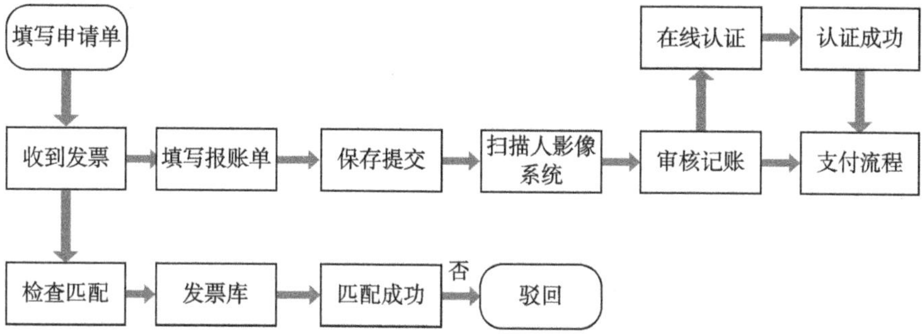

图 4-6　A 集团公司财务共享服务中心的费用报销流程

6. 固定资产流程

固定资产流程包括在建工程的采购以及转为固定资产的流程，这涉及物资部工程部门的采购与结算资料的提交共享服务中心进行审核处理；资产折旧流程是指系统能够自动计算，通过业务人员的定期操作完成计提过程；资产处置流程进行时，共享服务中心要对审批程序实行合规性审查，再完成账务处理。

7. 档案管理流程

对于纸质的单据和凭证都需要进行扫描并上传到影像系统中，形成电子档案。首先，单据提交与扫描时要保证准确性和及时性，上传之后会由共享服务中心人员对其进行合规性以及完整性的审查，不合要求会进行驳单，此时需要相关部门人员进行补充修改后重新操作，符合要求后会保存在系统中形成电子档案，能够实现与纸质资料的匹配，日后进行档案的借阅、查找与归还也有相应的操作流程。

在工作制度方面，共享服务中心的每个科室的工作人员会有具体的任务划分，甚至于精细划分至每个人的身上。这种模式下的工作分配与传统的工作模式不同，是按照业务类别进行划分的，每个科室负责的将是所有分、子公司的某些业务工作。在工作内容方面，共享模式下，财务工作规范和统一之后变得相对简单重复，具体的工作内容也有了定性要求，工作难度大体来说是降低了。财务人员有了更明确的分工，明确的分工带来的是责任的明晰化，各部分人员只要将本职工作的责任担负好，整个财务工作就会变得顺畅，工作效率就会得以有效提高。

A集团公司推行财务共享服务模式相较于传统的财务模式而言，首先，规范化、标准化的流程设计可以提高企业的业务处理效率，减少环节之间流转的时间，操作行为变得有序化，从而降低了出错率。其次，它可以将各个部门的职责范围进行清楚的划分，引起各个部门的重视和关注，避免了相互推诿影响工作效率的行为。再次，统一后的流程环节能够降低人员原因导致的失误，能够减少错误业务的发生，大大提高了企业的业务水平和质量，一定程度上降低了企业的风险。

六、A集团公司财务共享服务风险识别

（一）组织变革风险

1. 企业与中心隶属关系不明确

集团各成员单位与中心隶属关系不明确，一些成员单位实质上未承认中心的独立地位，仍将其与传统财务管理模式下的财务部门等同，认为中心提供服务是理所当然，故而没有给出合理的报价，双方对于服务内容和服务时间的合理性还有待商榷，使得服务质量水平参差不齐。

2. 分、子公司抵触情绪强烈

随着A集团公司财务共享服务的实施，必然要求各分、子公司上交财务权限，使企业失去财务自主权。财务统一规划和管理，改变了既有工作

模式，需要相关单位重新学习，甚至触及分、子公司利益，使其出现抵触情绪。

3. 企业与中心职责划分不够明确

企业与财务共享服务中心职责划分不够明确，可能导致业务无人执行或者多头管理的情形，使得制度可操作性降低。

4. 中心的制度设计有待改进

崭新但陌生的管理体制与公司业务及各项工作不甚适应，员工在操作过程中可能面临较大的困难，严重的还与原业务发生矛盾。财务核算与实体业务分离，财务人员对数字背后的来龙去脉不甚了解，对业务的处理自然会出现偏差。

5. 服务水平协议制定不合理

财务共享服务中心本质上是为成员单位提供服务的组织，为了保证服务质量，需要有服务水平协议的约束。服务水平协议是指为满足客户最基本的服务要求，服务双方经过反复沟通协调达成的彼此认可的书面协议，协议对服务定价、服务内容、服务评价标准、考核指标及奖惩方案进行了明确规定。反之，若在协议中并未严格且明确地在两方的权利及义务条款中进行写明，则易在发生双方矛盾时追究不了具体责任，产生互相推诿的情况，从而触发管理风险。

（二）业务流程风险

1. 流程过多，影响了效率

A 集团公司的财务部秉承集中化管理的原则，对其财务共享服务中心、资金中心及预算中心均起着领导及决策作用。位处财务线层级相对较低的共享服务中心，如若想完成某项业务或工作，往往需要往上递交大量资料并经过层层审批，而在审核过程中，因各部门事务繁忙，在实际操作上并不能及时地通过流程，致使最后下发批准文件或通知时已用时甚久，造成办事效率低下，拖延做账等情况，也在一定程度上降低了员工的工作积极性。

2. 流程后续优化滞后

在设计开发阶段，财务共享服务中心则已经将便于管理与协调的标准流程化操作进行了充分考虑，对流程结构进行了变革与改造。但是因市场规模的不断发展及经营业务量的不断增长，当时的标准化流程已经不足以支持现有的工作需求。

市场多变的情况及财务链条的反馈均有所落后，无法满足信息传递的及时性和准确性要求，若继续使用原流程系统，将会可预见地对企业经营与工作效率造成负面影响。

3. 流程衔接不顺畅

对企业员工来说，用新的系统开展工作需要一定的适应时间。因此在财务共享服务中心建立的初期，对工作流程的陌生及习惯于旧平台旧模式的思想会在一定程度上打击员工的积极性，同时由于新老系统之间并没有达到完全的契合控制，可能造成财务人员的工作失误及效率低下，更为甚者则直接忽略新平台而继续使用原有系统并保持自身固有习惯进行业务操作，造成新流程不能及时得到反馈与更新形成恶性循环。

4. 票据流转风险

财务共享服务中心拥有管理银行承兑汇票等一系列票据的权力，增加该流转过程则相应地提高了工作量，影响信息的及时传递与反馈，且增加一道管控关卡也意味着更加严谨的票据审核体系，可能降低票据流转的速度及拉低财务工作效率。

5. 不同地区对新流程的适应程度不同

A 集团公司的业务分布广泛，有经济发达地区，也有经济欠发达地区，经济发达地区对财务共享模式适应较快，基础设施较完备，但欠发达地区对新流程的适应较慢，可能存在难以达到财务共享服务中心要求的情况。

（三）人员变革风险

1. 产生抵触情绪

财务共享服务中心作为一个独立机构，通常会设定在某个固定地点，而其对财务人员的要求则可能包括移动至该处进行驻扎办公。同时，共享服务中心意味着将相关财务数据、工作流程等进行一定变动，在某些方面改变财务人员的常用工作方法，可能激发有关人员的不满。财务模式的转型，将大幅减少财务人员的数量，对于留下的员工，也要求掌握一定技能，不断更新专业知识，否则将面临淘汰，故而增加了财务人员的压力，出现抵触情绪。

2. 职业发展受限

财务共享服务中心一旦设立，则意味着对财务链条的上下游关系进行重新划分，构建一个新的财务平台，撤减各集团单位的财务岗位，管理岗位也随之大幅减少，这导致员工晋升渠道受限，职业发展道路变得狭窄。

3. 产生厌倦情绪

财务共享服务中心是集团财务的作业池，流程再造使得财务工作进一步细分，加之有信息系统为依托简化了财务人员的作业，大量低价值的机械性工作，员工有可能会产生厌倦情绪。

4. 与业务人员沟通不畅

财务共享服务中心与业务部门一般距离较远，部门沟通主要采用线上模式，相较于传统面对面的沟通模式，有效性明显下降。A 集团公司财务共享服务中心需要服务二十余个二级局，超过 1200 家法人单位，远离业务部门，所以导致了与业务人员沟通不畅的风险。

5. 对业务流程缺乏了解

A 集团公司财务共享服务中心的财务人员远离业务前端，如何辨别经济业务的真实性、业务数据的可靠性、客户信息的完整性成为亟待解决的问题，财务人员缺乏对业务流程的了解，可能导致财务作业质量无法保证。

（四）系统风险

1. 系统稳定性不足

由于财务人员对于新的财务共享服务中心运行上的不熟悉，可能导致其在上传相关数据、传递工作流程等方面出现不当操作，则会使系统无法按照既定规划对数据等进行识别、整理与归纳。尤其是在相关资料数据需要进行修改或重置时，后台需要进行大量且精确的操作，则进一步提高了系统风险。

2. 信息泄露、丢失、被篡改风险

财务共享服务中心建立的基础是财务数据在信息化系统中的统一整理与充分运用，对于企业信息管理水平提出了高要求，公司必须保证数据及相关信息的保密性，且应当切实把控好各部门、各项目及各流程信息传递之间的安全性，防止内外部泄露、丢失、篡改等情况的发生。

3. 基础数据维度不统一影响数据获取的准确性

A 集团公司在项目建设或生产管理时所用的 ERP 系统往往建立在业务层次的逻辑及运用上，对于信息数据的归纳整合与财务的相关要求并没有达成一致，因此信息化中心对于业务部门及财务部门之间数据的契合需要做出大量努力，进行业务和财务之间精确有效的转化，否则对于数据理解的不同很有可能影响决策的确立，增加财务风险。

4. 部分系统达不到业务处理需求

财务共享服务中心作为财务链条中的重要一环，与信息化中心的合作可能由于专业分工不同出现一定分歧，部分财务数据及公式的整理运用若没有财务人员的配合则无法达到其工作需求条件。

5. 硬件设施无法满足数据存储的要求

对于想要实施财务共享服务的中型企业来说，一般的硬件设施是能够承载的，但对于分支机构众多、业务体量巨大的A集团公司来说，则很有可能无法满足数据存储的要求。

七、A集团公司财务共享服务中心风险产生根源分析

（一）原有财务管理模式风险控制方面存在的弊端

在财务共享实施前及A集团尚未实施财务共享的部分分支机构中，风险控制方面暴露的问题较为突出，其原有财务管理模式存在以下几个风险控制方面的弊端。

1. 信息传递效率和可靠性低下

在多层级管理的组织体系下，虽然A集团拥有相对完善的财务和内控管理制度，也会因逐级传递出现数据漏损或者传递偏差的风险，不能为决策层进行风险控制提供决策依据。另一方面相对独立和闭塞的组织结构不利于监督常态化，容易形成山头主义，各级机构都打着自己的小算盘，阳奉阴违使得总部决策贯彻执行力较差。

2. 财务与业务自成体系

这一情况致使数据信息不能很好地共享，在数据的存储和使用上重复建设情况严重，需要多部门共同处理的业务中各方协调工作会占用并浪费大量时间，严重影响工作效率，不利于风险的发现和处理。显然，建设部门、机构间信息共享和协同的统一平台、辅助决策工作、达成业财融合是急需的。

3. 集团对分支机构的资金管控能力不强

传统由分支机构和项目部自行组建财务部门，分、子公司和业务单位拥有较多的财务决策权，这种情况极大地削弱了集团公司的财务控制力，成为业务发展和企业规模扩张的阻碍，易导致成本风险和资金链风险。

从实施财务共享后的子集团反馈来看，凭借财务共享模式执行迅速、监督范围大、受外界干扰较少等一系列风控上的优势，改善了原有模式下信息传递缓慢、错漏较多的问题，对资金的管控和调动效率也获得了明显进步，管理精细化水平得到提高，数据可靠性显著增长。但这一模式并非尽善尽美，在已经建设财务共享的机构中，由于缺乏建设经验和其他因素影响，不能因地制宜针对经营特征和风险现状进行改造和设计，依然存在以下一些风控方面的弊端：

1. 内部合作效率低下、影响基层风险信息的识别和传递

设立财务共享解决了原有因管理层级过多导致的信息传递上的客观风险，但财务共享服务中心作为子集团实施集中业务处理的新设管理机构，将之前一线单位可以自行决定的部分财务和其他工作变为由共享服务中心和相关职能部门管理管制，夺取了原属于基层分支机构的权力，不免因为出发点和尺度把握的不同而产生工作上的矛盾，新建立的中心对制度冷冰冰的执行也极易影响与接入平台的各成员单位间合作关系，最终影响了风控效果。

2.FSSC（Financial Shared Service Center, 财务共享服务中心）定位与风控职责认识不清，对风险控制缺乏统一认知

A 集团目前已经实现了大部分子集团的财务共享上线工作，但部分子集团在机构设置上却将其作为财务部的下设机构，导致各级财务相关部门工作混乱、人员风控责任认识不清。核算单位财务部人员疏于对财务共享新制度的学习、认为相关业务处理的正确与否是财务共享服务中心的事情，而财务共享人员由于担负大量低技术重复性工作，认为自己已经

按制度和流程完成基础性工作，风控审核是财务部相应专业技术岗位的工作，出现了财务部门和共享服务中心之间责任界定不清、扯皮推诿的情况发生。

3. 信息系统标准化、自动化水平较差，不利于风险辅助分析

A 集团已经实现了大部分子、分公司的财务共享上线工作，但由于服务器性能、软件设计水平等技术原因和不同子集团间的业务差异，时常出现数据格式标准不一、分析结果各异的情况，使风控人员无所适从。由于设立 FSSC 硬件投入巨大，部分机构出于建设成本考虑，在软件设计上能省则省，建成的财务共享系统缺乏自动识别或辅助进行风险分析的系统模块，在当前数据量暴增，各部门风险信息叠加的情况下，单纯依靠专门风控岗位对潜在风险进行查找无异于大海捞针。

4. 流程设计缺乏扩展和更新、不利于业财结合实施全面风险管理

A 集团设立的 FSSC 中，部分机构自始至终使用财务共享实施时初次再造的流程进行运作，由于缺乏反馈制度和对业务风险的跟进研究，在较长一段时间内极少对现有流程控制点进行梳理，逐渐不能适应业务发展和由此产生的风控需求变化。同时这些早期设计的流程较为片面，仅包含本部门的，久而久之会随着各类特殊情况业务的出现而变得漏洞层出，甚至由于体制僵化被别有用心之人恶意钻空子。

5. 基层员工工作机械化，在风险识别上易产生工作疲劳

财务共享模式通过专业分工提高了相应岗位的工作效率，但在这种专业分工的模式下，由于 FSSC 的工作内容表现为各类流程处理，包括财务共享服务中心职员和基层使用者在内的员工工作内容都变得机械而重复，周而复始地进行扫描、填报、浏览、识别、审批、联动推送等机械化操作使员工仿佛办公桌前的另一台机器，员工较易迅速产生疲劳感并对新工作感到麻木，进而对其工作质量和风险识别效果产生负面影响。

（二）财务共享服务中心本身存在的风险因素

1. 财务共享服务中心流程再造的职能不完善

从财务共享服务中心具体的职能分工以及运作现状来分析，会计核算的集中、会计科目的统一、业务处理标准的统一、结算的统一等都有明确的要求和管理，但是在流程再造的职能发挥上还有所欠缺。首先，案例企业没有明确流程再造在共享服务模式中的作用，没有在其职能中强调它的重要性，也没有在组织层面进行专门的设置，员工对此也没有清晰的认知。其次，在流程设计上不够完善，具体而言，线上线下双重审批虽然是加强了企业的风险防范，但是在现阶段，已经存在程序过于复杂以及不能满足现实需求的问题。当前的主流程是：预算编制—员工提单—业务审批—共享审核—财务记账—出纳付款—凭证管理，同时根据对实际业务处理的了解，发现预算管理主要是由各业务单位负责，而共享服务中心的控制力度不足，在预算编制之后没有对于收支计划的风险提示与上季度或上年度的对比分析，容易造成预算管理流于形式；在整个流程中对于各个环节产生的风险警示不及时，也不够严谨，例如对于劳务成本预算、应收账款比例、材料收发进度、利润测算等数据分析报告的共享。在材料收发流程中缺乏动态监管，虽然能够在系统中反映出期末采购成本、材料的消耗状态，但是没有要求材料的收发要进行实时的记录和凭证生成，而是在月末一次性结转。在这种情况下，企业可能无法准确地对原材料的成本进行测算，无法得出最佳进货点，最重要的是无法将已有的信息发挥到最大的价值，即使完成了集中化，也不会为企业降低更多的成本。同时，管理者也并没有根据流程的执行结果不断地修正、优化各个环节。

2. 业务流程的规范化水平不足

财务共享服务模式能够有效运行并达到降低成本、提高效率的目的，有赖于流程操作层面的规范化和标准化管理。通过对 A 集团公司具体的业务流程的了解，共享服务中心存在对部分流程的规范化要求不足以及进行了规范化要求但没有得到有效实施的问题。具体而言，首先，预算编制是业务的起始点。根据调研，实际运行中并没有做到各自部门严格地按要求上报报销款、供应商款项、工程款、业务招待费等，各个项目主体的预算表并没有体现各个门类的计划情况，而只是体现了汇总金额，并且周计划并不是十分严格地按照实际的运营状况进行预估，当出现超支的情况时也不会严格地禁止拨付，在审批环节存在纰漏。在这样的工作方式下，总部所汇总得到的数据不具有时效性，分析报告也无法为实际运作提供有效建议，也不能准确地了解到预算的执行以及超支状况。其次在单据审核环节，在各类单据的填制、提交共享审核的过程中，根据企业提供的数据显示，一年的驳单率在 9%，表明在单据的填制以及合规性方面存在一些问题，主要存在会计科目使用错误、单据类型选择不正确、合同引用不正确以及没有及时变更合同信息、计价结算与合同不一致等情况，退单量过多就会影响共享审核的速度从而影响业务处理的效率。

3. 人员与工作管理不到位

在人员结构方面，从对共享服务中心的人员自身结构的比例分析以及其在所有财务人员中的占比分析中，能够发现共享服务中心人员中从事单据审核、支付结算、档案管理等基础性工作的比例较高，并且项目财务人员的规模依然占到 79%，在数量上并没有与共享模式实施之前形成太大差距，这与财务共享模式在人员转型方面的目标有悖，没有实现将财务人员彻底从基础工作中释放出来，而在分析与管理层面发挥价值的目标。它应该更多地培养管理会计人才，才能够满足财务共享的战略需求，以及为财务转型提供人才储备。

在岗位管理方面，各个科室负责不同类别的业务，再具体到个人就是负责同一业务下的所有分、子公司的工作。这样使得工作变得简单易于掌握和控制，但是重复性和高强度的工作内容会让人觉得枯燥无味，长时间的同样的工作模式容易使人意志消沉、降低积极性，导致工作的懈怠以及失误增多。

在日常的工作制度方面，缺乏专门化的沟通渠道，根据调研，企业日常的工作沟通主要通过某常用聊天软件进行的。这样的方式有几个弊端，一是该软件几乎是最常用、最日常化的工具，生活社交与工作交流会混在一起，可能出现在工作时间解决个人问题的情况，影响工作效率；二是不同的部门、不同的项目等都需要建立不同的群组，因而当单位时间内的信息量太过密集，就会存在被忽视或者接收时间过长或者需要反复回顾的情况，都造成了很多不方便；三是娱乐化功能过多，不适合作为工作软件。A集团公司也在推广使用企业微信，可以与系统连接，也提供了多种功能，但是目前的使用仅限于领导层批复单据，仍然处于待开发状态，推广有限。这说明企业在这方面并不是非常重视，没有严格的要求，也没有积极的探索有效的沟通工具，没有意识到其对工作的重要性。在办公设备方面，也存在一些缺陷，共享服务中心的信息系统的兼容性不强，并且电脑的尺寸大小也会影响打印的格式，所以办公用电脑只能选用符合系统要求的配置；不能移动办公，为了影像系统中的资料与实物保持一致，制单前必须经过扫描环节，所以没有连接指定型号的扫描仪无法完成工作，对网络的依赖性非常强，这些都造成很多工作上的不便利。针对于实际需求而言，可能需要系统配置的适用性更加广泛一些。

4. 系统功能不完备

（1）支付管理模块

在日常的业务处理过程中，发生借款、报销、业务收支时都需要相关人员先行在系统中提交单据，由共享服务中心的工作人员审核后才可以制单付款，因而当大规模支付事项集中发生时，可能会发生共享人员因为待审核单据量过多，而没有及时处理完毕的情况，最终对于不同的项目造成不同程度的影响。尤其是在业务紧急时，如有付款需要当天进行支付，否则会产生一定数量的财务费用，此时对于及时性的要求就会很高。以上这些问题说明被调研企业在支付管理上存在不足之处。

此外，支付流程中涉及的各个环节需要由不同权限的人员进行操作，在这中间需要用到类似于U盾的安全工具，以及在最后进行结算时，也需要用到这样的设备。财务共享服务模式下，所使用的设备是财务公司为便于业务操作而研发的，虽然同银行有合作，但是与银行本身的设备相比，技术方面还是存在差距。在工作的过程中，常常会因为反应迟钝导致款项到账不及时，这反映了后台技术研发不到位的问题。

（2）税务管理模块

税收制度和纳税标准在地区间内的差异性越来越显著，而且对于一个企业而言，税务筹划的必要性和重要性都是不言而喻的。对企业而言，除了在准确核算、按时申报、及时支付的整体流程层面，还要使其适用于各种差异化的制度，以帮助其科学规范合理地减轻负担。不少企业将税务管理中部分职能以共享模式进行处理，希望能够规范税务处理，防范纳税风险。A集团公司也进行了积极的尝试，但是在税务管理方面，一是系统还没有达到可以自动计算税额和自动进行纳税申报的程度，A集团公司有单独的税务管理模块，但是主要功能是对增值税发票批处理以及项目与机关单位的增值税税金计算的对接，也就是说还不能达到严格意义上的集中化管理。A集团公司的项目遍布全国各地，各个地区的税务政策不太相同，因而每个项目都要亲自在当地进行纳税申报的工作，税务筹划的工作的完成度也要取决于具体项目的财务人员，但又不能保证每个财务人员的专业能力和工作素养能够满足要求。虽然优势在于保持了灵活性与机动性，但是可控性大大降低，也难以对各个项目的税务工作进行评估，这对于整个集团而言，是不利于税务管理、纳税分析的，最后的结果可能是花费了更多的人力、时间成本，反而也没有达到纳税控制的效果。

二是税务管理系统的对接工作还不是很到位，共享服务中心内部的系统包括合同管理、发票管理、报账系统、核算系统等都会包含部分的涉税信息，例如合同管理系统能够为其提供相关产品匹配税率，发票系统提供税金计算依据，会计核算系统是入账依据，决策支持系统可以提供税务分析报告等。但是A集团公司的税务系统还不能达到与各个系统都能对接的程度，并保证从中获得完整的数据，因而达不到自动计税的功能。

（3）资金管理模块

在工程项目的资金监管与账户开立方面，当前A集团公司的共享服务中心仍存在对8%的账户未实现监管的情况。财务共享服务模式的优势在于资金池的运用，因为公司可以极大程度地掌握所有的资金，从而可以实现统一管理与快速支配，使其发挥更大的作用。但是这种优势发挥的前提是集团层面实现对所有账户的监管，那就要求各个项目要在企业指定的银行开立账户，A集团公司的合作银行有建行和交行，以及自有财务公司，在此基础上会挂靠在集团公司的账户上。有些项目在实际操作中存在业主方自身与一些银行机构有合作的情况，他们就会在账户开立方面有格外的要求，这就会与企业的要求相悖。在这种情况下，企业将无法达到资金归集的目的，也无法完全实现法人层面对资金的统收统支。A集团公司在资金管理方面还存在归集之后的管理上不够全面和高效的问题，在系统中对于产业融资业务的拓展方面还是一个待开发的领域。

（三）财务共享服务中心相关的其他风险来源

1. 管理层对财务共享服务中心职能的认知不全面

财务共享服务中心的职能不仅是对会计信息进行集中处理、监督、为管理提供支撑，还要实现信息共享程度的最大化，不仅使业务处理更加高效，更要在财务管理层面提效增值，这就需要通过流程再造来完成。流程再造不是一朝一夕就能完成的，它应当是逐渐完善的过程。财务共享服务中心在进行流程再造时要删减冗杂的多余的流程，并对增值的有效的流程进行增加和重组，才能实现效率的提高。

再造后的流程要能够使企业实现价值增值，管理者能够通过共享服务模式将所有的信息整合的基础上，能够实现对企业的人力、物力、财力等各个方面的资源的掌控，并且能够在做决策时，将资源最大化地集中在一起，从而使管理者能够将其有效地分配到每个部门、每个员工的身上，以达到资源和能力的无缝连接，充分结合的程度。

流程再造的关注点不能仅仅放在会计流程上，而要从业务出发，以业务为核心，对整个流程以及涉及的领域进行全局性的考虑。首先，要遵循的原则包括能满足企业的内外部需求，能够准确及时地提供管理层以及各部门所需的信息，又能够对供应商、股东、投资人等外部信息使用者提供服务。其次，要与企业的战略目标相吻合，调研企业的财务共享服务模式要达成信息与资源在当前背景下的有机整合与利用的目标，就需要将企业的战略定位与共享服务中心的战略目标相结合。A企业属于建筑行业，在业务上占比较大的是工程建造、房地产、基础设施建造等，在管理上对于全面预算、成本管理等更加侧重，因而根据指标权重进行业务分类与评估时要更加关注，即对于重点业务领域，权重设置就要高一些。

2. 流程管理存在漏洞

在规范化管理层面，共享服务模式一直在朝向更加自动化的步伐前进，但是完全自动化还是不现实的。在初始阶段，系统还是需要人工录入一些数据，这就要求录信息的人员要遵循具体的工作规定，确保录入信息的准确规范。但即使在具体的业务操作层面都有详细的规定，还是存在员工的责任心不足以及工作执行能力不到位的状况，共享服务中心在企业内部缺乏严格的工作培训与成果检验制度。新的工作规范的推行只靠文件传达是不够的，必须有不定期的培训并能确保准确的理解与执行。上述问题中也提到预算管理的作用没有得到发挥，首先是管理制度得不到贯彻执行，没有发挥预算管理在全流程的作用，如果一开始就没有得到执行，那所有的规定都会成为虚设，也浪费了人力物力；其次是已有的管理体系要符合实践需求，因为制度都要在运行中不断优化调整才能进一步完善。

在顶层设计层面，做好业务流程管理，要从流程构建、流程分析、流程质量与测评、流程优化等方面着手。在A企业，对于流程的定义局限于为财务工作的便利化提供保障；对流程的构建则是停留在业务集中化处理的阶段，而在跨企业的合作、综合调动企业全部资源的能力上、对完成成果的测评上都有所欠缺。案例企业的流程管理的不足在于无法将企业的产品、自身的声誉、品牌与价值增值有机地结合起来。它只能做到对资源的增减、利用程度的掌控，而无法做到对利用效率的测算、对时点的把握、对于最低成本与最优策略的双重结合等。管理者也缺乏对流程的分析，即对其应该达到的目标以及构建没有形成完整的链条，并且对于任一环节的忽视都很容易影响数据的有效性以及整个流程的效果。

3. 管理模式与实际需求不符

从目标管理角度出发，根据调查，财务共享服务目前在企业中主要是作为后台职能平台，起到提高工作效率，降低成本的目的，因而更应该以使用者对服务的满意度以及完成度作为一种衡量指标。而A企业并没有进行定期的员工满意度的调查，在考核员工的工作水平时更加侧重于处理单据的数量上，而对质量问题的关注程度过低，缺乏严格的绩效考核制度的压力，员工的失误率和效率就难以得到良好的控制。从降低成本的角度来说，每张单据的处理成本过高，业界的标杆在是每张单据1美元左右，而案例企业的成本要比其高出几倍，反映了对于共享服务中心的工作管理以及收费机制尚有更大的研究空间。共享服务中心自身成本过高就会影响在系统服务、员工工作需求方面的关注度，因为更加重视工作成果，导致忽视了工作过程中的细节管理。

从人员管理的角度出发，共享服务中心的人员可以大致划分为专业方向和管理方向。针对不同方向的人才，要有不同的培养体系，必须要因材施教并且有严格的考评才能人尽其才。同时各种职位虽然是刚需，但是人员是可以不断调换的，根据每个人表现的优良进行职位的升降，这样的竞争模式有利于工作氛围的改善和工作效率的提高。但是A企业在人员管理方面没有严格的选拔标准也没有完善的淘汰晋升体系，无法从源头上保证人员的素质和能力，也难以激发员工的积极性和更高的追求，不利于人员的更新换代。

从组织管理的角度出发，财务应当划分成战略财务、业务财务和共享财务三部分，战略财务是做管理的工作，帮助企业将决策落实为具体计划，制定政策并指导方向。业务财务是对接所有分、子公司，通过收集信息，出售财务产品，即财务数据。共享服务是执行层，它是应提供一个平台，将范围以及空间最大化，从而进行业务的集中与数据的汇总处理，它应当保持一定的独立性，并且在未来的发展中，共享服务中心在企业的组织架构地位中应当高于财务部门，其职能范围也会拓宽到所有领域，而不会是某一个明确的职能部门。A企业的管理者对于共享服务中心的战略目标没有明确的认知以及长远的规划，以至于无法发挥共享服务中心自身人员的创新意识，也使得非共享服务中心人员对于共享服务模式的认知不准确甚至持有不认可的态度。

4. 系统研发投入与开发力度不足

A企业所使用的系统是外包给专门的系统服务公司的，该公司可以为企业提供一款财务共享服务中心的软件，但是它的业务强项还是在于技术层面，在于系统本身的更新升级。根据与A企业人员的沟通了解，他们会根据企业的需求进行改进和完善，也会定期修复系统出现的漏洞，但修复期间会影响系统使用，在一两天之内无法正常工作。原因还存在于，一方面是关于系统开发公司，他们并没有足够多的在财务各个方面的专业人才，一般是根据企业提出的需求进行研发调整，提供更先进的服务，相应地就需要收取更高的费用；而他们服务的公司可能成百上千，追求利益的原则也会使他们更关注于普遍的要求和一般化的设计，这样并不能满足每个企业的个性化需要；另一方面是关于企业自身，管理人员因为考虑到共享服务模式的回报周期比较长而不会急于研发更先进的功能。在共享服务中心也没有建立专门的研发与专家团队，因为考虑到企业内在的财务及其他管理人员会更加熟悉自身的业务，对企业发展的责任心会更重，而且在各个板块的具体操作环节也会涉及很多企业。

（四）来自上下游企业的风险因素

上下游企业是与 A 集团生产活动联系最紧密的部分，也是资金链风险的重要来源。

1. 资金链风险方面，上下游企业的行为是产生应收账款风险的根源，并在一定程度上加剧资金池风险。

企业的正常经营离不开持续的资金流入、循环过程，而资金的外部流入与开发商的资金情况和信用水平是分不开的。一方面由于建筑市场的甲方优势和房地产销售的长期性，建筑企业无法按时拿到工程款的情况时有发生，同时部分开发商信用低劣，为了自身利益无视合同约定及法律法规，在明确应当付款的情况下左推右阻，或采取各种方式刁难建筑方、夸大建筑企业的错误，借机对款项进行扣留或罚没。与开发商时常抵赖形成鲜明对比的是，在多年来政府强调不得拖欠农民工工资、保护中小企业并下大力气进行整治的宏观背景下，建筑企业在收款不甚顺畅的同时，对付款却往往不能保持相应的弹性，甚至存在矫枉过正的现象，有时出现劳务施工队未到结算节点即恶意讨要薪资或拒不承认因其过错而产生的扣款等。

此类风险产生于企业外上下游合作方，随着付款节点时资金的充裕与否产生资金风险暴露，并随资金的流转过程流入建筑企业形成应收账款风险或产生挤压效应，加大企业的资金池风险。总的来说属于建筑企业可以预知但对其进行防范容易影响市场经营因而较难化解的风险类型，可以采取的应对方式主要有两种：优化企业资金池和资金收支管理，降低风险发生后造成的影响；提高风险意识和内控水平，及早发现对方的此类倾向从而进行风险回避或采取法律措施。

2. 内部管理风险方面，成本控制风险也会受上下游企业影响。

履行与上下游关联企业的合同义务形成了建筑企业的成本，这一原因导致的成本风险原则上是可预测的，但极易受到上下游企业违约行为或合同变更等的干扰，常见的有：①房地产企业在资金支付中突然改用承兑汇票等延期付款方式，就会增加建筑企业财务成本支出，形成成本风险。②在实际施工过程中，合同的发包方有时会对合同进行变更，签订补充协议，导致建筑企业之前成本计量的准确性受到影响，临时增加建筑企业需要完成的工作量和使用的人力物力、或使准备好的人力物力产生浪费。③开发商还可能在合同内暗中夹杂霸王条款或其他对其有利的内容，建筑合同全本通常厚达数百页，在招标时间较短的情况下，进行全面细致的审查十分困难，导致建筑企业未能在合同签署阶段识别其中的成本风险，从而在后续生产过程中造成损失。由此可见，因上下游企业影响导致的成本控制风险存在于建筑企业生产的全过程，其流转过程也较为多样化，从招投标、施工过程到资金收付各个环节都可能产生，而造成的影响主要表现在两方面：增加额外成本和影响成本计量的正确性，及将直接导致企业的利润损失。

第五章　财务共享模式下风险点评价

一、风险评价指标体系的构建

（一）风险评价指标选取的原则

财务共享服务中心本身就是一个非常复杂的变革活动，加上其风险问题存在的范围非常广泛，这使得对A集团公司实施财务共享服务的风险会成倍增长，在财务共享服务的各个阶段都可能会面对各种不同和复杂的风险因素。因此，中A集团公司实施财务共享服务的风险评价指标的选取应遵循综合性原则、适应性原则、简洁性原则、层次性原则以及可操作性原则。

1. 综合性原则是指风险指标的选取应该综合考虑企业情况，从多方面对交叉因素进行思考和了解，保证风险指标的综合性。

2. 适应性原则是指要充分考虑被研究企业的具体情况，结合被研究企业的现状，寻找能反映被研究企业问题的评价指标，以此来确保选取的风险评价指标是适用于被研究企业的。

3. 简洁性原则是指在进行风险指标的选择时，要尽量做到指标的简化，分清风险指标的主要和次要程度，避免评价指标体系过于复杂，保证风险指标的简洁性。

4. 层次性原则是指评价指标的选取要由多层次结构组成，能够反映出各层次的特征，同时各指标间相互联系构成一个有机整体，从而保证风险指标选取的层次性。

5. 可操作性原则是指风险评价指标的选取既要考虑其定性的含义解释，做到通俗易懂，又要能够将定性指标转化为定量数值处理，方便进行评价分析研究。

（二）风险评价指标选取与分类的依据

由于风险本身具有不确定性，风险可能存在于项目或者活动的各个阶段，因此对于风险指标的选取并没有一种统一的标准和办法。本文在专家学者研究的基础上，根据文献中对财务共享服务风险因素部分的研究和对财务共享服务的不同阶段内容中可能存在的风险点的研究，结合调研发现的 A 集团公司财务共享服务全过程中存在的风险问题，选取适合中铁建财务共享服务的风险评价指标。

财务共享服务在我国发展的时间比较短，而且风险本身具有不确定性，不同企业存在的风险是不尽相同的，在不同的阶段面临的风险因素也不相同，所以目前并没有形成一套权威颁布过的财务共享服务的风险评价指标类别划分的标准。所以，本文主要从现存专家学者研究结论的基础上进行分类研究分析。从文献部分可以看到研究财务共享服务的专家学者，通过实证分析探究了影响财务共享服务的关键因素并进行了分类，这些关键因素与风险评价指标因素密切相关，因此，本文拟将借鉴专家研究关键因素的类别划分对风险评价指标进行分类。

国外学者 Martin 通过实证将关键因素分为选址、组织规划、流程管理、变革管理、资金管理及客户的服务水平协议六大类[3]。国内财务共享服务的张瑞君等学者也通过实证对关键因素进行了研究。张瑞君和陈虎从组织、技术、流程、绩效考评等维度进行了分析，这一研究对中国集团企业实施财务共享服务具有特殊的指导意义。何瑛和周访通过进一步对多个实施财务共享服务的企业进行实证研究，将关键因素归为五大类，即战略规划、组织管理、流程管理、信息系统和财务共享服务价值。由此可以看出，实施财务共享服务的关键因素基本可以分为战略规划、组织管理、流程管理、人员管理、信息系统五个方面。

本文结合现状部分提到中铁建对资源的要求比较高，其与众多下属企业之间的协调，可能存在税务法律方面的风险的基本情况，本研究课题拟将从战略规划、组织变革、业务流程、人员变革、系统建设和税务法律六个方面对风险评价指标进行类别划分，最终建立中铁建实施财务共享服务的风险评价指标体系。

（三）风险评价指标的选取

在确定选取依据的基础上，本文将首先根据对风险因素的研究，汇总得到案例公司实施财务共享服务中可能会存在的风险因素；其次阐述在财务共享服务不同阶段中的内容，对可能存在的风险点进行识别；再次结合在实地调研案例公司实施财务共享服务的全过程中发现的问题，总结得到相应的风险评价指标；最后对三部分进行总结整理，选取案例公司实施财务共享服务的风险评价指标。

通过结合对案例公司进行实地调研发现的一些相关风险问题，可以总结得到以下与财务共享服务相关的风险点：中心选址的合理性、共享服务中心人员的素质、风险的认识程度、人员的绩效考核与晋升、人员操作的规范性、职能定位的转变、组织权限的范围界定、业务范围的界定、新系统的开发使用、服务质量与成本的平衡、财务共享系统的安全性、业务与财务的融合程度。

本文根据对财务共享服务的风险因素的文献进行汇总得到的风险评价指标和对财务共享服务的不同阶段的内容事项进行概括识别到的风险评价指标，结合案例企业财务共享服务中心的现状和调研过程中发现的与其风险相关的问题，本研究最后一共选取了 20 个风险评价指标，如表 5–1 所示。

表 5-1　风险评价指标及含义解释

风险评价指标	风险评价指标含义解释
职能定位的转变	共享服务中心能否在运行阶段根据企业情况对共享职能进行及时的转变
管理层重视程度	企业管理层是否对财务共享服务的风险问题给予一定程度上的重视
组织权限的合理性	组织权限设置是否合理以及下属公司对权限上收是否存在抵触心理
新系统的开发应用	共享服务中心是否重视对信息技术的应用以及针对财务共享上线新系统
中心选址地点	共享服务中心选址是否会造成企业成本不降反升或人才引进困难等问题
流程设计的合理性	流程设计是否能对财务流程和体系存在的差异进行有效规整化一
服务质量与成本的平衡	是否平衡考虑财务共享的成本投入大小与服务质量高低之间的关系
人员对财务共享的认识	共享服务中心人员是否对财务共享服务认识不足导致企业运行效率低下
组织管理制度制定	未充分考虑组织内部利益关系导致管理制度的重新制定不够清晰
流程运转的实时性	流程的规范与标准是否导致物流、资金流和信息流不能实时统一
系统的稳定性	系统运行中是否常产生因各种适应性问题导致的系统崩溃的问题
人员的专业素质	共享服务中心人员缺乏对异常数据的敏感性和对业务真实性的专业判断
流程优化的及时性	是否重视流程的后续优化和对内外变化的及时调整修正
人员操作的规范性	人员是否存在操作不适应不规范而导致的操作风险问题
业财融合程度	财务与业务部门融合程度不高导致业财摩擦激烈和处理效率的低下
业务范围界定	共享服务中心的业务范围过大导致权力集中下员工的矛盾和不满
系统的安全性	系统是否能够保障财务共享服务中心数据的安全性
人员的考核发展	共享服务中心人员绩效考核办法不够完善造成人员发展上升空间小
税务稽核难度	下属公司税务存在地域性差异造成与相关部门沟通不便
法律法规的了解程度	对地方法律法规的了解不全面或对于更新了解不及时造成法律风险

（四）风险评价指标体系的确定

在风险评价指标的基础上，本项目组拟根据风险评价指标类别划分依据的总结，从战略规划、组织变革、业务流程、人员变革、系统建设和税务法律六个方面对选取的风险评价指标进行分类，形成案例公司实施财务共享服务的较详尽的风险评价指标体系，如表 5-2 所示。

表 5–2　风险评价指标体系

目标层	一级指标	二级指标
实施财务共享服务的风险 A	战略规划（B_1）	职能定位的转变（C_1）
		管理层重视程度（C_2）
		服务质量与成本的平衡（C_3）
		业务范围界定（C_4）
		中心选址地点（C_5）
	组织变革（B_2）	组织管理制度制定（C_6）
		组织权限的合理性（C_7）
		业财融合程度（C_8）
	业务流程（B_3）	流程设计的合理性（C_9）
		流程运转的实时性（C_{10}）
		流程优化的及时性（C_{11}）
	人员变革（B_4）	人员对财务共享的认识（C_{12}）
		人员的考核发展（C_{13}）
		人员的专业素质（C_{14}）
		人员操作的规范性（C_{15}）
	系统建设（B_5）	系统的安全性（C_{16}）
		系统的稳定性（C_{17}）
		新系统的开发应用（C_{18}）
	法律法规风险（B_6）	税务稽核难度（C_{19}）
		法律法规的了解程度（C_{20}）

二、风险评价模型的构建

风险评价指标体系和风险评价模型共同构成了案例公司实施财务共享服务的风险评价体系，为应用风险评价体系对案例公司实施财务共享服务的风险进行评价分析奠定基础。

由于财务共享服务在我国的发展起步比较晚，在进行实际情况的分析研究时即使能从相似企业中获得一些风险资料，通常也很难说明被研究企业的自身情况。而且财务共享服务本身的过程非常复杂，导致对风险的客观估计更加困难，因此主观估计是一种比较理想的方法。主观估计法是利用有限的资料，结合企业情况，由了解被研究企业情况的相关人员根据个人判断，对风险指标进行评估的方法。鉴于主观估计法的概念和文献部分对风险评价方法的研究，本文在风险评价的时候选择了模糊综合评价法，将定性的经验判断给予定量化，在指标复杂众多而且缺少足够的历史数据和权威系统的评价体系的情况下，这是一种比较常用的系统分析方法。模糊综合评价模型具备较为良好的适应性和灵活性，善于应对问题处理过程中面临的诸多不确定性和变化性的信息。财务共享服务在我国发展时间较短，很多地方并不完善，其本身具有很多的不确定性，各方面的信息也是处于经常变动中，模糊综合评价模型在处理这些问题时能够显示出优势。因此，本项目在风险评价时拟选用模糊综合评价法。

（一）目标集和因素集的确定

目标集为 $A=(B_1, B_2, B_3, B_4, B_5, B_6)$

因素集为 $B_1=(C_1, C_2, C_3, C_4, C_5)$、$B_2=(C_6, C_7, C_8)$、$B_3=(C_9, C_{10}, C_{11})$、$B_4=(C_{12}, C_{13}, C_{14}, C_{15})$、$B_5=(C_{16}, C_{17}, C_{18})$、$B_6=(C_{19}, C_{20})$

（二）权重的确定

由于财务共享服务本身具有一定的专业性要求，而且与财务共享服务相关的风险评价指标众多，无法直接通过足够的数据进行量化计算。层次分析法的适用前提有清楚的层次结构，它可以运用主观经验对评价指标的相对重要性进行量化，最终得到相应的权重值。因此，在进行模糊综合评价时，以建立的风险评价指标体系的梯度层次结构为基础，选取了层次分析法确定权重。层次分析法确定权重的具体步骤如下。

第一步是构造判断矩阵。本项目判断矩阵的构建是建立在专家打分基础上的，具体的方法如下。首先形成相应的评价指标，指标应为具有向下隶属关系的指标。然后由专家进行问卷的填写，根据判断矩阵标度，针对指标进行两两比较，按照 1~5 的数值对指标进行重要性的判断并打分，问卷及判断矩阵标度详情见附录。最后得到相应的判断矩阵 $P=|P_{ij}|_{n\times n}$。

第二步是层次单排序。在得到判断矩阵之后，对判断矩阵进行归一化处理即可得到判断矩阵的特征向量，对于归一化处理的计算方法有求幂法、求根法和求和法三种常用的简便方法，本项目选择的是求和法。关于求和法归一化的步骤如下：首先是对判断矩阵的每一列分别进行归一化，如公式（5–1）所示，然后将列归一化后的矩阵每一行分别相加求和得到 $\bar{w}_i$，如公式（5–2）所示，最后对按行相加后的矩阵再进行列归一化，即可得到所求的特征向量 w_i，如公式（5–3）所示.

$$\bar{p}_{ij}=\frac{Pij}{\sum_{i=1}^{n}Pij} \qquad \text{公式（5–1）}$$

$$\bar{w}_i=\sum_{j=1}^{n}Pij \qquad \text{公式（5–2）}$$

$$w_i=\frac{\bar{w}_i}{\sum_{i=1}^{n}\bar{w}_i} \qquad \text{公式（5–3）}$$

第三步是判断矩阵的一致性检验。在对判断矩阵进行一致性检验的过程中，容易受到多方面因素的影响，比如主观上人的认识不同和客观上事物的复杂性。为了避免综合比较时产生重要性强弱不一致的情况，需要通过一致性检验剔除不合理的结果。一致性检验方法先计算判断矩阵最大特征值入 max，如公式（5–4）所示，再计算一致性指数 CI，如公式（5–5）所示，CI 与平均随机一致性指标化 RI 相除，最终得到一致性比率 CR，如公式（5–6）所示。

$$\lambda_{max}=\frac{1}{n}\sum_{i=1}^{n}\frac{\bar{w_i}}{w_i}$$ 公式（5–4）

$$CI=\frac{\lambda_{max}-n}{n-1}$$ 公式（5–5）

$$CR=\frac{CI}{RI}$$ 公式（5–6）

λ_{max}是判断矩阵的最大特征根，n代表相应的阶数，而平均随机一致性指标RI则可以从有关指数表中查出，在计算过程中，当CR>0.1时，则表示一致性不能被接受，需要重新修正判断矩阵；当CR<0.1时，认为判断矩阵的一致性是可以接受的，说明特征向量w_i有效，可以作为权重向量。当有多个专家进行群决策时，在求得各个特征向量并通过一致性检验后，各个特征向量可以作为各自的权重向量，综合权重向量ω可以通过对各自的权重向量进行算术平均得到。

（三）构建评语集

评语集为V=（v_1，v_2，…v_n），其中v_j（j=1，2，…n）表示划分的不同评价级别的指标因素的评语。本项目中用V=（v_1，v_2，v_3，v_4，v_5）分别代表风险低、风险较低、风险中等、风险较高和风险高。

（四）确定模糊隶属矩阵

通过对收回的有效调查问卷的数据进行统计分析可以计算得到评价的模糊隶属矩阵，具体方法是对风险评价指标评估问卷中的评价指标进行判断，并在相应的评价等级下划对勾。根据每个评价指标对应评语等级的频数得到每个评价指标的隶属度，从而得到模糊隶属矩阵F。

（五）风险综合评价

首先是将权重向量 W_i 和模糊隶属矩阵 F_i 根据 $D_i= W_i \cdot F_i$ 进行运算，其中 i 为模糊矩阵变换的模糊算子，代表模糊隶属矩阵与权重向量相乘，然后根据此模糊算子，得到各类模糊隶属向量 D_1、D_2、D_3、D_4、D_5、D_6，从而得到隶属向量 D，最后根据 $E= W_A \cdot D$ 得到整体风险评价结果。本项目在确定整体风险等级时采用最大隶属原则，即最大数对应的等级为整体风险所处的等级。

三、A 集团公司财务共享服务中心风险分析与评价

（一）财务共享服务风险问卷调查说明

本文以 A 集团公司财务共享服务模式下面临的风险与风险后果进行问卷设计和调查。为了保证调查数据的真实有效，提前做了以下工作：

1. 前期详细沟通

通过与 A 集团公司以及子公司部分高管、财务共享服务中心领导和员工进行详细沟通，了解到 A 集团公司已经多次进行财务共享服务相关知识培训，高管和员工比较熟悉财务共享服务涉及的具体操作流程和职责，并对财务共享服务模式下的风险也有所认知。同时，通过详细沟通，A 集团公司高管和普通员工感受到调研有助于降低集团公司财务共享服务风险和提高运行效率与质量，公司和员工都将受益，A 集团公司总经理也要求员工认真配合调研。再加之调研不涉及私人敏感信息，A 集团公司高管和普通员工乐意配合进行财务共享服务风险调研。

2. 科学设计调研方案

通过与 A 集团公司高管以及员工前期详细沟通后，围绕经过沟通识别出的 A 集团公司财务共享服务风险与风险后果，设计好风险调查表，并通

过 A 集团公司财务共享服务中心沟通平台推送至财务共享服务参与者，深入沟通财务共享服务风险指标内涵，多次统一解答有关风险指标疑惑，既保证了识别出的 A 集团公司风险指标科学合理，又保证了财务共享服务参与者准确把握相关风险指标内涵。

3. 科学选取调查对象

通过对 A 集团公司前期详细沟通和科学设计风险调研方案，针对性地选取了调查对象。本次调研选取的调查人员都是直接参与并比较了解财务共享服务的管理人员、审计人员、财务人员、子公司财务总监和业务总经理等，这些人员具有很高的职业素养和扎实的专业知识，对财务共享服务模式下的风险以及可能的后果也有独到见解，从而保证调研数据真实有效。

（二）风险评价模型权重值的确定

根据确定的目标集和因素集与建立的风险评价指标体系的递阶层次结构，首先采取层次分析法向了解 A 集团公司实施财务共享服务情况的专家发出十份问卷。由于财务共享服务具有一定的专业性，而且不同的被研究企业情况不尽相同，所以本文中专家的选取包括 A 集团公司总部财务共享服务专家、A 集团公司财务部门主任、财务共享服务部门主任和副主任以及对财务共享服务进行过深入了解和研究的学者，以此保证打分的专业性和准确性，构造判断矩阵。

根据前文中公式（5–1）、公式（5–2）和公式（5–3）进行计算，可以得到各判断矩阵的特征向量 ω_{1i} 如下。

ω_{1A}=（0.153　0.313　0.100　0.313　0.049　0.072）^{T}

ω_{1B1}=（0.171　0.431　0.080　0.276　0.042）^{T}

ω_{1B2}=（0.130　0.684　0.186）^{T}

ω_{1B3}=（0.136　0.626　0.238）^{T}

ω_{1B4}=（0.055 0.263 0.564 0.118）^{T}

ω_{1B5}=（0.334 0.097 0.569）^{T}

ω_{1B6}=（0.750 0.250）^{T}

矩阵的特征向量之后，根据前文中公式（5-4）、公式（5-5）和公式（5-6）对各判断矩阵的一致性进行检验，结果如表5-3所示。

表5-3 一致性检验结果

	P_A	P_{B1}	P_{B2}	P_{B3}	P_{B4}	P_{B5}	P_{B6}
λ_{max}	6.290	5.136	3.025	3.018	4.117	3.025	2.000
CI	0.058	0.034	0.012	0.009	0.039	0.012	0.000
CR	0.046	0.030	0.024	0.018	0.044	0.024	0.000
是否满足一致性	是	是	是	是	是	是	是

由表5-3可知，各判断矩阵的CR均小于0.1，证明判断矩阵通过了一致性检验，所以上一步求得的特征向量 ω_{1i} 有效，可以作为其权重向量。同理可以求得剩余九份问卷中各判断矩阵的特征向量，然后对各判断矩阵进行一致性检验，计算分析过程同上，这里将不再进行赘述。结果得到各判断矩阵的CR值均小于0.1，通过了一致性检验，证明求得的特征向量是有效的，可以作为权重向量。

在求得各权重向量之后，通过对相同位置的权重向量数值进行算数平均计算，可以得到综合权重向量 ω_i 如下。

ω_A=（0.153 0.313 0.100 0.313 0.049 0.072）^{T}

ω_{B1}=（0.171 0.431 0.080 0.276 0.042）^{T}

ω_{B2}=（0.130 0.684 0.186）^{T}

ω_{B3}=（0.136 0.626 0.238）^{T}

ω_{B4}=（0.055 0.263 0.564 0.118）^{T}

ω_{B5}=（0.334 0.097 0.569）^{T}

ω_{B6}=（0.750 0.250）^{T}

（三）构建模糊评价集

将风险等级划分为五个等级：低、较低、中等、较高、高，分别赋值为 1、2、3、4、5，得到风险评价集 $V=(v_1, v_2, v_3, v_4, v_5)$，这五个等级的含义解释分别如下。

v_1 表示 A 集团公司实施财务共享服务处于很低的风险状况，这类风险发生的可能性几乎没有，即使发生也几乎不会产生影响，通过简单的措施就能很快消除隐患、消除影响；

v_2 表示 A 集团公司实施财务共享服务处于比较低的风险状况，这类风险发生的可能性比较小，而且一旦发生影响程度也比较低，通过自身的努力能很快得到解决；

v_3 表示 A 集团公司实施财务共享服务处于中等风险状况，这类风险发生的可能性处于中等水平，风险一旦发生将会造成一定程度范围内的影响，会对 A 集团公司实施财务共享服务的正常运行带来一定的影响，但是其影响面和影响程度不大；

v_4 表示 A 集团公司实施财务共享服务处于比较高的风险状况，这类风险发生的可能性比较大，而且一旦发生将会造成比较严重的影响，会给企业带来比较严重的损失；

v_5 表示 A 集团公司实施财务共享服务处于很高的风险状况，这类风险发生的可能性非常大，而且一旦发生将会造成非常严重的影响，严重影响企业整个财务共享服务中心的正常运营，甚至给企业造成重大损失和恶劣的影响。

（四）模糊隶属矩阵的确定

构建完模糊评价集之后，需要确定模糊隶属矩阵，确定的过程是通过调查问卷实现的。财务共享服务风险调查信度分析，主要用于研究量表问题回答的可靠性和准确性。为了保证问卷可靠性和有效性，本文针对问卷调查数据运用克隆巴赫 Alpha 系数进行信度检验。一般而言，克隆巴赫 Alpha 系数大于 0.7 时可靠性就较高。因此，将 A 集团公司的风险及风险后果调查问卷中涉及的基本情况 3 个题项、具体风险 55 个题项和风险后果的 7 个题项一起构成 65 个题项，借助统计分析软件 SPSS 25 进行信度检验，形成 A 集团公司问卷量表克隆巴赫信度分析（如表 5-4 所示）。

表 5-4　A 集团公司问卷量表克隆巴赫信度分析

克隆巴赫 Alpha 系数	项数
0.988	65

本次调查 A 集团公司财务共享服务模式下的风险问卷量表克隆巴赫 Alpha 系数值为 0.988，明显大于 0.7，说明调查数据应该具有很好的可靠性，可以进行 A 集团公司财务共享服务中心风险的进一步深入分析研究。

从收回的有效风险评价指标评估问卷中，按照"隶属度 = 回收有效问卷数 / 评价指标对应的总问卷数"的原则，可以得到各个风险评价指标在各个评价等级上的隶属度，从而能确定模糊隶属矩阵 F，记为 F=（F_1，F_2，F_3，F_4，F_5，F_6）。

（五）模糊综合评价及风险等级排序

根据前面得到的指标权重 W_i 和隶属矩阵 F_i 以及公式 $D_i= W_i \cdot F_i$，可以计算得到六类风险的隶属向量 D_i 如下。

1. 战略规划风险（B1）

$D_1= W_{B1} \cdot F_1$ =（0.010　0.226　0.481　0.236　0.047）

根据最大隶属度原则，可以看出隶属向量 D_1 的最大隶属度为中等风险等级的隶属度 0.481。其次，较低风险等级和较高风险等级的隶属度分别为 0.226 和 0.236。根据五个风险等级对应的分值，可以得到战略规划风险得分 Z_1。

$$Z_1=0.010 \times 1+0.226 \times 2+0.481 \times 3+0.236 \times 4+0.047 \times 5=3.084$$

从战略规划风险的得分可以看出，3.084 处于中等风险等级。按照最大隶属度的原则可以得到中等风险等级的结论，综上，从战略规划风险角度评价 A 集团公司实施财务共享服务的风险等级属于中等。

2. 组织变革风险（B2）

$D_2 = W_{B2} \cdot F_2 = (0.001\ \ 0.210\ \ 0.378\ \ 0.355\ \ 0.056)$

首先，根据最大隶属度原则，可以看出隶属向量 D_2 的最大隶属度为中等风险等级的隶属度 0.378。其次，较高风险等级的隶属度次大，数值为 0.355，继而得出组织变革风险的得分 Z_2。

$Z_2=0.001\times1+0.210\times2+0.378\times3+0.355\times4+0.056\times5=3.255$

从组织变革风险的得分可以看出，3.255 处于中等风险等级和较高风险等级之间。按照最大隶属度的原则可以得到中等风险等级的结论，但是较高风险等级对应的次大隶属度与最大隶属度相差不大。因此，从组织变革风险角度评价 A 集团公司实施财务共享服务的风险等级属于中等偏高。

3. 业务流程风险（B3）

$D_3 = W_{B3} \cdot F_3 = (0.080\ \ 0.401\ \ 0.376\ \ 0.143\ \ 0.000)$

根据最大隶属度原则，可以看出隶属向量 D_3 的最大隶属度为较低风险等级的隶属度 0.401。其次，中等风险等级的隶属度次大，数值为 0.376，继而可以得到流程管理风险的得分 Z_3。

$Z_3=0.080\times1+0.401\times2+0.376\times3+0.143\times4+0.000\times5=2.582$

从业务流程风险的得分可以看出，2.582 处于较低风险等级和中等风险等级之间。按照最大隶属度的原则可以得到较低风险等级的结论，但是中等风险等级对应的次大隶属度与最大隶属度相差不大。因此，从业务流程风险角度评价 A 集团公司实施财务共享服务的风险等级属于中等偏低。

4. 人员变革风险（B4）

$D_4 = W_{B4} \cdot F_4 = (0.018\ \ 0.301\ \ 0.348\ \ 0.322\ \ 0.011)$

根据最大隶属度原则，可以看出隶属向量 D_4 的最大隶属度为中等风险等级的隶属度 0.348。其次，较高风险等级的隶属度次大，数值为 0.322，继而可以得到人员管理风险的得分 Z_4。

$Z_4=0.018\times1+0.301\times2+0.348\times3+0.322\times4+0.011\times5=3.007$

从人员变革风险的得分可以看出，3.007 处于中等风险等级，按照最大隶属度的原则可以得到中等风险等级的结论，但是较高风险等级对应的次大隶属度与最大隶属度相差不大。因此，从人员变革风险角度评价 A 集团公司实施财务共享服务的风险等级属于中等偏高。

5. 系统建设风险（B5）

$D_5=W_{B5}\cdot F_5=(0.018\ \ 0.223\ \ 0.458\ \ 0.256\ \ 0.045)$

据最大隶属度原则，可以看出隶属向量 D_5 的最大隶属度为中等风险等级的隶属度 0.458。其次，较高风险等级的隶属度次大，数值为 0.256，继而可以得到系统运营风险的得分 Z_5。

$Z_5=0.018\times1+0.223\times2+0.458\times3+0.256\times4+0.045\times5=3.087$

从系统建设风险的得分可以看出，3.087 处于中等风险等级和较高风险等级之间，按照最大隶属度的原则可以得到中等风险等级的结论。综上，因此，从系统建设风险角度评价 A 集团公司实施财务共享服务的风险等级属于中等。

6. 法律法规风险（B6）

$D_6=W_{B6}\cdot F_6=(0.000\ \ 0.411\ \ 0.302\ \ 0.287\ \ 0.000)$

根据最大隶属度原则，可以看出隶属向量 D_6 的最大隶属度为较低风险等级的隶属度 0.411。其次，中等风险等级的隶属度次大，数值为 0.3302，继而可以得到法律法规风险的得分 Z_6。

$Z_6=0.000\times1+0.411\times2+0.302\times3+0.287\times4+0.000\times5=2.876$

从法律法规风险的得分可以看出，2.876 处于较低风险等级和中等风险等级之间。按照最大隶属度的原则可以得到较低风险等级的结论，但是中等风险等级对应的次大隶属度与最大隶属度相差不大。因此，从法律法规风险角度评价 A 集团公司实施财务共享服务的风险等级属于中等偏低。

综合上述六类财务共享风险评价可知，风险等级由高到低的排序分别为：组织变革风险（B2）、系统建设风险（B5）、战略规划风险（B1）、人员变革风险（B4）、法律法规风险（B6）和业务流程风险（B3）。

第六章　财务共享模式下风险防控措施

在对财务共享模式下风险管理制度的分析及财务共享模式下风险点的识别、分类和评价的基础上，进一步研究财务共享模式下风险防控措施，如图 6-1 所示。具体来说，本部分进一步总结财务共享模式下风险防控存在问题，从完善财务风险管理制度、建立风险预警模型、以集团管控为主体的系统风险预警模型等方面提出财务共享模式下风险防控措施。

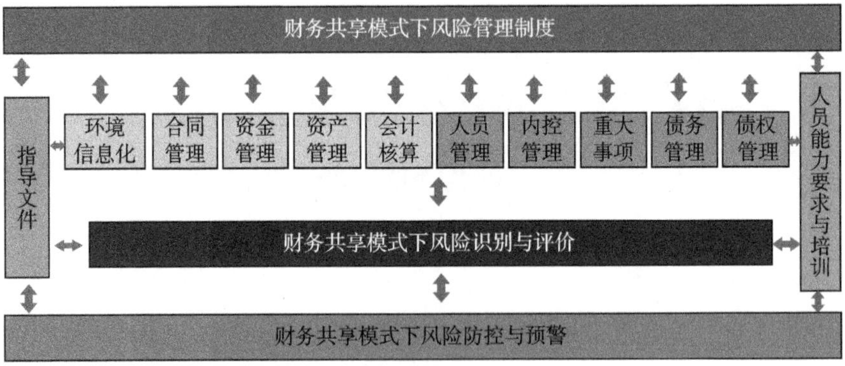

图 6-1　HSE 风险防控系统图

一、财务共享模式下风险防控存在问题

（一）信息化环境方面

财务共享管理平台的数据安全风险，主要来自于外部行为人、内部行为人、网络和软硬件功能缺失和安全漏洞、制度不完善、自然灾害等五方面，导致数据被泄露、篡改、窃取、滥用、损坏和丢失。

1. 人为因素

（1）外部行为人：外部行为人通过黑客技术、嗅探技术、暴力攻击、病毒等入侵攻击，窃取、篡改、泄露财务共享数据，造成财务共享管理平台的数据安全风险。

（2）内部行为人：内部行为人由于安全管理制度不完善，没有对数据进行分类分级，没有对授权访问实施严格的分级管控，运维安全管理制度未落实和有缺失，终端管理访问内网不受控和未安装杀毒软件，关键数据未作脱敏处理，或者由于利益的驱使导致内部行为人窃取、篡改、损坏、滥用财务共享管理平台的数据。

（3）管理风险

数据安全的风险环节首先是“管理风险”，即信息的使用、管理不当造成的数据安全风险，包括安全管理制度不健全、未经授权的查阅访问、未经批准的信息散播、操作不当造成的数据损毁遗失等。

（4）操作风险

会计电算化的发展趋势是网络会计，对于基于信息化平台进行账务核算的网络会计而言，人为操作也是不可忽视的风险之一。一方面，因部分人员在使用信息系统时操作水平不高或操作不当，而存在不符合标准化操作流程的风险；另一方面，存在以伪造、冒充修改、侦听等为目的的非法操作风险。例如，采取伪造手段，使未经授权的客体插入系统中或冒充成信息系统中的一个实体，对信息系统的鉴别序列进行获取，然后获得信息系统权限，而对信息系统的真实性造成破坏；修改信息系统中的数据文件、应用程序等改变已生成的账务信息或数据库信息，甚至改变信息化平台的执行路径，对信息系统的完整性和安全性造成破坏，导致数据丢失、损坏以及数据无法正常被调用；通过搭线窃听等侦听手段，使没有授权的客体入侵到信息系统中，对信息系统的保密性进行破坏[46]。

2. 设备因素

财务共享服务信息化平台的搭建需要各类服务器的支撑，但服务器的不安全性及脆弱性也成为信息安全的隐患之一。数据库服务器实际上是每一个电子交易、金融和 ERP 系统的基础，信息化平台的结构化数据或非结构化数据均以数据库文件形式存储于数据库服务器中，它还经常包括来自商业伙伴和客户的敏感信息，如贸易记录、商业合同信息、信用信息等，拙劣的数据库安全保障设施不仅会危及数据库的安全，还会影响到服务器的操作系统和其他关联系统。这是因为数据库具有多种特征和性能配置方式，是个极为复杂的系统，做到正确的配置和安全维护具有一定难度，并且未能检查出系统后门等严重的安全隐患和不当配置的可能性很高，甚至可能会误用而危及数据的保密性、有效性和完整性。此外，为了共享数据而形成的系统接口，也为数据库的访问带来一定的不安全因素。一般情况下，数据库访问通过密码和身份验证等机制进行，此类访问方式易被破译、修改或替换，存在一定的安全隐患[46]。

网络和软硬件：网络设备的防护等级较低，身份鉴别的唯一性、口令的复杂度、会话管理、非法登录次数限制、连接超时控制等不完善，服务器防火墙设置、IP 白名单、端口限制、安全基线加固不符合安全管理要求，操作系统、中间件、应用软件、数据库软件等的安全功能和手段缺失，数据备份和恢复失效，使得财务共享数据被泄露、篡改、窃取、滥用、损坏和丢失。

3. 管理制度

安全策略未覆盖全或落实不到位，在财务共享的业务流程、财务流程、资金流程等个别流程节点出现数据安全隐患，存在明显的安全漏洞。对机房安全管理、办公环境安全管理、网络和系统安全管理、备份和恢复管理、软件开发管理，以及网络安全设备、主机操作系统、数据库管理系统等都制定了安全管理制度和规范，但是制度没有很好地执行，或操作性不强，造成外部行为人、内部行为人以及网络和软硬件的数据安全风险，财务共享数据被泄露、篡改、窃取、滥用、损坏和丢失。

4. 技术因素

财务共享服务信息化平台是基于B/S（浏览器服务器）模式的技术架构，支撑此模式正常运营的媒介为网络。伴随着网络技术的发展与广泛应用，计算机病毒、钓鱼网站、流氓软件、黑客攻击等事件频频发生，都为信息化平台的数据安全带来极大危害。例如，在远程登录信息系统时，如果口令不及时修改，就很可能被第三者获取；通过发送大量的垃圾信件，使网络发送过载，降低信息系统的性能，甚至直接导致信息系统的瘫痪。再如，计算机被病毒侵袭后，会抢占系统资源、影响网络速度，干扰系统的正常运行，严重时将破坏计算机内的重要数据和系统的稳定正常运行。网络攻击或黑客攻击，是通过非法手段采用先进的计算机技术进行信息窃取与拦截，甚至可以远程侵入对方计算机，对数据信息进行复制、删除和恶意篡改。

数据安全与外部入侵的斗争贯穿了信息技术和产业发展的全过程，是推动信息技术进步和产品升级服务提升的原动力。因此，没有一成不变的软件技术，也不存在“绝对安全”的软件。只要将信息放到互联网上，就存在外部入侵的可能性。网络安全技术实际上是将这种风险降低到可控的范围内。

5. 自然灾害：由于自然灾害或不可抗力，导致财务共享数据损坏和丢失。

（二）合同管理方面

合同是建筑施工企业财务风险的源头，如果合同存在问题，必然使工程项目在后期施工中变得被动。

主要存在以下问题：①合同条款不完整，关键因素缺失；②合同存在不平等条约，合同中约定明显偏向乙方的有利条款；③对企业制定的范本合同直接套用不作修改，导致实际执行时与合同约定有冲突；④结算单位与合同单位不一致；⑤合同条款拟定不细致，对标的物的内容、数量、金额等主要信息描述模糊、不清晰；⑥未签订承揽合同（与业主）先上场施工、未签订采购合同已经发生采购，或合同签订时间晚于合同约定的开工时间；⑦合同关键要素发生变化没有及时签订补充合同；⑧未按规定履行上级公司合同审批程序。

在合同结算过程中，常见风险主要有：合同结算付款不规范、劳务队代购材料款、“收款委托书”或“债权转让书”、未签订合同或超合同约定进度支付预付款，尚未签订合同先行办理结算，结算单价与合同约定的不一致，导致与施工队扯皮，纠缠不清，甚至引起诉讼发生，给企业带来额外麻烦和损失[47]。

（三）资金管理方面

资金是企业流动性最强同时控制风险也最高的资产，是企业生存发展的基础。建筑施工企业常见资金收支风险主要有：①违规拆借资金，对股份系统外单位出借资金、向股份系统内（项目部之间）拆借资金；②大额现金收支时有发生；③预付款、应付款支付不规范；④超合同约定比例付款、合同支付申请单跨期支付、支付保证金手续不全；⑤资金审批流程执行不到位或流程不完整、票据管理不规范、收款单位缺少工商变更证明；⑥预付款无预付保函；⑦未按照合同条款办理，未按合同约定的收款账户支付款项、超合同约定的付款进度支付款项等。

1. 内部管理人员因素

企业的资金链是否能平稳、有效地支持企业日常经营活动的开展，关键在于日常的资金运营管理水平。而无论企业自动化、信息化管理水平有多高，最终控制终端都是依靠管理人员的管控，所以管理人员素质的高低直接影响资金管理的水平。企业管理层的财务决策、资金风险管理意识和水平、基层财务人员资金管理的执行力、项目工程管理人员各个环节成本费用控制意识等人员素质的高低将直接引起资金管理活动实际或者潜在的风险。

2. 资金运营风险

施工行业的资金运营风险就是在资金的投放和使用过程中由于缺少对资金的监控导致资金周转不灵或者资金链断裂的风险。由于市场经济活动存在众多不确定因素、对投资项目不能掌握充足的信息以及对投资风险认识存在局限性都有可能导致企业现实收益和预期收益的差异。施工项目具有分散性，项目资金的投放和管控大多依赖项目经理，上下级资金信息不对称、缺乏有效沟通造成资金使用成本上升；施工单位与建设单位长期不平等地位引起的施工单位前期垫付资金量大，各种履约金、保证金比例的提高长期占用施工单位的流动资金；由于建设单位信用缺失，应收账款不能及时回收，更是使得施工企业的资金周转率降低，财务成本增加，债务状况雪上加霜[48]。

3. 企业融资结构不合理

由于施工企业固有的先施工后结算再支付这类结算和支付滞后的行业特点，导致施工企业普遍存在已完工未结算、应收账款与应付账款双高的情况，以及承揽的项目规模大、前期投入资金大造成的高资金负债率的局面。而金融机构短期流动资金借款获取途径相对快捷简单，施工企业往往付出高财务成本的代价获得资金来源，而施工企业的产品生产周期多在两到三年之间，建设单位按照施工进度仅拨付百分之七十到百分之八十五的工程款，这种短期借款与生产周期长的矛盾、工程款回款率低与实际垫资率高的矛盾引起的资金供应不足，及到期债务清偿能力的不足往往是资金链断裂的源头之一。

4. 资金风险预警机制的缺失

施工企业前期往往为了扩大规模盲目融资占领市场，经营管理方式都相对其他行业较为粗放，融资存量已超过企业正常偿债能力，超负荷的融资运作模式带来的资金风险被扩大的营业规模所覆盖。在各种内部控制制度的完善上尚且不足，资金管理过程中存在大量的主观判断，对于资金管理工作还处于收支管理和成本费用的核算，没有运用管理会计的知识对风险的识别和控制采取有效的措施，在资金危机潜伏期未及时调整和合理配置资金。当资金链断裂时，已经无法收拾残局，导致企业最终破产、倒闭。

（四）资产管理方面

资产管理：①以房抵债业务缺少资产评估报告；②公司车辆、设备、房产、机械设备等产权或者发票为个人、外部单位、应列未列固定资产；③购买固定资产缺少相关审批手续或者未按规定审批；④资产处置不规范、固定资产购置不合规、固定资产投资超过预算总额、已提足折旧未报废资产。

（五）内控管理方面

内控流程：决策批复与实际实施的时间顺序不合理、审批流程不完善、农民工工资支付问题、内控制度执行力。

1. 内部控制环境需要完善

内部控制环境需要完善是目前企业内部控制中出现的最突出问题。首先，业务分区不均衡。从业务模块来看，当前企业财务共享服务中心较为具体，将应收、应付以及内部审计等都包括在内，然而企业主要业务还是以财务核算为主，与财务分析相关的内容不多。其次，财务与业务分离。以往的财务管理模式，能够将业务与财务紧密结合在一起，而在现代财务管理模式的应用背景下，即财务共享模式的应用背景下，改变了财务与业务不分家的局面，但使得财务管理工作与业务工作分离太远。这是由于财务共享模式将财务工作集中化管理所致，使得各项资金在使用过程中可能出现各种问题。

2. 组织变革存在风险

在财务共享模式的应用背景下，需要将各个分支组织的权限归集到一处，会触犯到一些分支组织的利益，从而引发一系列管理问题。例如，在新型财务管理模式下，需要对相应职位、职权等重新划分，一方面会导致企业运行不畅，另一方面，由于责任的重新划定，导致员工相互推诿工作。财务共享模式虽将财务工作进行集中化管理，但同时也增大了信息风险。这要求企业在运用该模式对企业进行管理的过程中，制定相应的风险评估体系。但就目前情况来看，部分企业并没有对这一问题引起高度重视，使得财务风险问题不断出现。

3. 法律政策风险

作为一种新型管理模式，财务共享模式虽被应用于企业的管理经营过程中，但由于其发展还处于初级阶段，在管理方面还存在不足之处，且目前为止，国家尚未对这一管理模式进行政策保护，这就会激发企业自身以及与各企业间的矛盾产生[49]。

（六）劳务队伍管理方面

劳务队伍管理：发票的销货方名称与合同单位名称不一致、三流（资金流、发票流和货物流）不一致、一般计税项目委托收款。

（七）债务风险管理方面

债务风险：单个供应商应付账款账龄超过一年且余额超过 1000 万元、暂时无法签订合同但需办理结算或收付款等特殊事项的统计、工程款拖欠、开累结算与开累发票不一致。

（八）债权风险管理方面

1. 应收账款

关于应收账款管理中存在的问题有以下三点：

（1）沿用旧的应收账款管理制度，旧的应收账款管理制度很可能与新时代下企业采用的某些新管理手段存在冲突，最终导致应收账款管理水平较低；

（2）公司遗留的管理问题很可能对应收账款管理产生长期、持续威胁，比如最初公司因为某些原因对公司应收账款管理中信息采取完全的封闭管理，而在步入信息化时代后，完全封闭化的信息管理模式已经明显不利于企业应收账款管理水平提升，增加了统计债权时错误概率；

（3）企业将台账方式视为主要管理模式，而该模式明显存在较大缺陷。

结合上述三点，无论是沿用旧的应收账款管理制度还是公司遗留的管理问题，这些问题的出现实际上都与缺乏完善的科学管理制度有关。

2. 应收账款管理不到位产生的主要危害

应收账款管理不到位对企业产生的主要危害有以下三点：

（1）应收账款管理不到位可能导致企业资金回笼情况将较为恶劣，回款时间被拉长，引发囤货、资金垫付等多种不利于企业正常运营的现象；

（2）伴随企业正常运营被影响、资金流通困难，企业在接下来可能无法按照最初的预算计划开展相关工作，不利于企业的长期战略实施；

（3）若由于应收账款管理不到位引发严重资金问题，企业可能面临倒闭危机，这不仅会损害企业相关投资人及员工的利益，还可能引发社会稳定问题。

3. 财务部门的管理制度不完善

财务部门的管理制度不完善不利于应收账款管理水平的提升。关于财务部门管理制度不完善主要有以下两点：第一点，财务部门管理制度不完善，尤其是在应收账款管理这一块缺乏完善和规范。例如，应收账款管理工作的推进涉及企业多个部门，但因为财务部门管理制度不完善，导致财务部门与企业内其他相关部门缺乏沟通，令企业在进行应收账款管理时相关信息传递迟缓或信息出现缺失、错误，导致记载数据信息与实际收支不符的情况，最终拖慢应收账款管理工作的速率和效果。第二点，财务部门管理制度不完善，对应收账款的监管不够严密，阻碍了企业应收账款管理水平提升。例如，企业某些销售人员为完成销售任务，选择钻监管漏洞，故意延长合同付款账期，这种做法将令企业资金回笼拖沓，若这种做法频繁发生，有一定可能引发应收账款回收风险，对企业造成不利威胁。

（九）人员管理方面

1. 人员素质差异化

第一，由于财务共享服务中心的部分岗位仍需人工参与，因而财务人员在业务能力、专业水平和工作经验上的差异将直接影响到财务标准化水平。此外，财务共享服务中心对会计核算和财务管理进行了专业化分工，部分财务管理人员从原有的会计核算岗位中分离出来，其业务能力在精度、深度和广度上存在不足，无法满足企业经营决策的需求。

第二，由于财务核算和业务管理是分离的，财务人员仅能基于获取的财务单据进行判断。对业务的真实性识别困难，流水化作业更容易形成思维定式以及财务人员自身素质等因素均构成了财务合规管理的潜在风险。而在大数据时代这一矛盾会更加突出，由于企业业务结构越来越复杂，数据量将会更大，业务处理也会更加复杂。如果企业内部信息仍为“孤岛”，内部舞弊将会更加难以防范。

2. 人才流失风险

共享服务中心成立后财务工作被细化分工，中心员工的工作将专注于某一项内容，工作重复单调枯燥，员工参与生产经营活动的程度低，脱离了经营业务的前端，给财务人员转型、职务晋升带来困难，形成财务人才流失风险。

3. 流程的制度风险

第一，财务核算分离后，债权债务的核算与管理也分离了，共享服务中心只是进行简单的财务处理，并不了解业务的实质，导致其对于企业的债权债务没有很好的掌握，因此对于客户的相关信息并不能完全把握，带来了新的风险。

第二，新模式下，对于资金管理的收支由于时间和过程的原因，往往难以满足成员企业的需要，对于资金的管控流于形式。对于一些地区而言，管理的一些规范化要求很难满足。

第三，报销业务作为核算的一项重要内容，在共享后需要电子流程报账和支付，涉及的人员繁多，种类单据繁琐，加上人员之间的操作水平差异，安全意识以及业务能力较弱就会导致业务存在诸多问题，同时还存在篡改风险。

（十）会计核算方面

会计核算：费用报销不合规、备用金管理使用不规范、有研发立项而未归集研发支出的项目、研发费用核算不规范、跨期发票入账、违反八项规定要求、费用报销不合规、科目核算不规范、确认收入成本表单中表单中的预计总收入、总成本明细金额与附件明细不一致（如表单无初始收入、变更金额不一致等）、质保金错误。

（十一）税务管理方面

“营改增”后，建筑施工企业面临的两大问题：一是思维转变不彻底，政策掌握不清，二是业务财务不结合，没有体系化应对。增值税“以票控税”的模式与营业税税制下完全不同，建筑施工企业普遍存在对业主必须开票而从供应商难以取得发票或者一般计税项目可以取得专票而取得了普票，导致销项税额大于进项税额税负增加的矛盾越来越突出。此外，还存在工资发放未履行或未正确履行个人所得税代扣代缴义务，稽查处理还将面临税务处罚风险[44]。

税务管理：不符合增值税相关规定、无合法合规发票或票据、超期发票入账问题、简易计税项目收取专票。

（十二）重大财务事项方面

1. 投融资方面

BT项目回购款未按照合同约定回款、BT项目管理不规范、股权转让资金回收不及时、对外投资、出资时附件资料不齐全、财务顾问费、中介咨询费支付业务附件不齐全。

2. 清收清欠

项目垫资、保证金逾期、无合同或者无交易实质支付预付款和保证金、账龄超过一年的应收款项、保证金管理不到位、应收账款清欠效果不佳。

3. 自建财务辅助系统形成浪费

财务共享信息系统需要将所有分支机构的信息系统进行统一对接，在企业集团内部传统财务模式下分支机构为了辅助财务核算会自建包括进销存、合同、计划等多种信息系统。在财务共享服务实施运行后，若信息平台与分公司原有信息系统无法对接或不兼容，则可能导致分公司已存在的信息系统闲置形成浪费，如：计划管理、资产管理、合同审批等。再者，实施财务共享服务后原由分公司财务与业务部门配合的财务工作转为财务共享服务中心与分公司业务部门共同完成。由于分属不同机构，在实施过程中可能因权责划分不清而产生矛盾，从而导致系统效率低下。

4. 增加财务运行风险

财务共享服务实施过程中，受企业内外部因素影响，整体计划实施以及流程设计方面可能存在缺陷，财务共享模式的转型加强了对分支机构财务权限的管控，使得分公司产生抵触心理，不利于分公司的生产经营运行，增大了财务风险。

5. 不利于财务人员发展

企业集团由传统财务模式转型至财务共享服务模式，实现了财务会计与管理会计职能分离，而属于财务共享服务中心流水线工厂式工作的财务共享服务中心工作人员由于进行简单重复性高的工作，难以建立财务会计知识体系，会计视野变窄。各分公司的管理会计以财务共享服务中心提供的财务报告数据为基础，为单位经营决策提供相关信息。从长远来看，按照业务权限权责分明的行使职能，会使处于财务共享服务中心的财务工作人员沦为弱势群体。由于财务共享服务中心业务的细分，财务工作人员只能接触到其中一小部分重复性工作，容易导致会计视野变窄、缺乏职业发展前景，造成财务共享服务中心人员流动率大幅提高，甚至流失从分公司输出至财务共享服务中心的会计人才。

6. 税负风险及税务机会成本

财务共享服务中心无法直接接触分公司及分公司所在地区税务机关，导致分公司对税务风险的敏感度大大降低，同时在税务人员需要约谈、询问、审计等工作时存在很多不便之处。另一方面由于分公司财务人员不再与税务人员频繁有业务往来，导致各种税收优惠政策申请困难度不断加大，使得企业失去大量获得税收优惠的机会。

二、完善财务风险管理制度

对合同管理、资金管理、薪酬管理、收入成本、八项规定、内控管理、会计核算、债务风险、税务管理、重大财务事项（投融资、招投标、账外账、大额亏损）、财务风险等各个环节存在的问题进行全面梳理，发现管理漏洞，提出完善各种管理文件的建议，从而加强事中监管和事后审计评价工作。

（一）环境信息化方面

财务共享数据安全不能靠几个简单控制点，或一次性的安全测评就可以一劳永逸，而是需要一个体系化、长期化的安全防护过程。首先，财务共享管理平台要处于一个经过等保评估的安全环境中，从物理安全、网络安全、主机安全、应用安全、数据安全与备份恢复、安全管理制度、安全管理机构、人员安全管理、系统建设管理、系统运维管理等方面，提供了基本的安全防护，确保其数据安全。随着黑客技术、嗅探技术、病毒和暴力攻击的肆虐，以及管理制度和操作流程的漏洞和缺陷，给外部行为人、内部行为人危害财务共享数据安全提供了途径。除定期进行安全等级测评外，还要研究和应用涉及数据安全的敏感数据控制技术、数据泄露防护技术、数据库安全技术、同态加密技术，并强化一些安全防护措施。

1. 技术层面

在技术层面，需要建立针对整个信息化系统的、综合的、多层次的安全体系，强化对网络输入、输出和传输信息的正确性、合法性控制。信息安全技术主要包括访问控制技术、数据加密技术、数字签名技术、网络审计技术、防火墙技术、信息安全检测、隐患扫描技术和 VPN 技术，应将这些安全技术分别在系统数据安全管理的各层面上有针对性地实施。

（1）入侵防御

对于来自外部的安全威胁，首先要与外部进行数据交换的银企前置机和银行系统间采用专线连接，与公网进行隔离，银行前置机部署在 DMZ 区，且均设置两张网卡，分别连接银行专网及企业内部网络，进行内网和外网隔离。内网服务器之间均进行IP、端口的控制，只开放业务必须使用的端口，各个系统间的集成需进行身份鉴别和权限管理，并做数据有效性检验，同时还配以企业级防火墙，防止网络入侵。

（2）访问控制技术

访问权限控制是控制和管理系统使用者对系统、数据访问的一系列规则。现在，访问控制技术已经是信息系统安全和数据安全防范和保护的主要策略，访问控制技术主要就是保证资源不被非法地访问和使用，通常包括入网访问控制、服务器安全控制、目录级控制和属性控制等。系统管理者可根据“最小特权原则”、“最小泄露原则”分配不同级别使用者的访问、操作权限、信息安全等级[50]。

从访问权限上来看，财务共享并非意味着全部数据都需要共享，数据共享的程度与方式也会有所不同。出于对数据安全的考虑，有些数据共享权利只能够保留在某个部门级别，甚至只有个别用户才有权访问。例如，针对应收账款，可能只有被授权的销售经理或者销售人员才能够访问，而采购人员就无权访问与应收账款相关的数据。作为销售人员，他们可能需要了解每个产品的具体出货金额，即单个产品的售价情况。而作为仓库部门的工作人员，则无权知道产品的售价，他们只需要关注当月产品总的出货金额即可。当然，有些数据可能对于整个集团公司来说都是公开的，如部门费用预算报表。为此，在确定共享数据访问权限时，IT经理在确认了需要共享的内容之前，应先根据角色级别，确定共享的权限，然后再根据这个级别确定共享的文件。对于权限的控制，最好能够细化到字段。通过角色进行授权，可以保障数据的安全性，同时系统维护的工作量也不会很大。

身份认证和鉴别。财务共享管理平台提供双因子认证机制，必须通过双因子身份认证，才能访问财务共享管理平台。构建统一的身份认证和鉴别机制及访问控制策略，并辅以安全审计，实现对数据访问的细粒度管控，实现身份认证和访问控制安全。

（3）数据加密策略

要达到数据安全，防止数据被泄露、篡改、窃取、滥用、损坏，就要将加密作为数据安全防御的重要手段。对于财务共享的敏感数据，可以采取多重加密或加密无漏项的策略或措施，将其应用于身份鉴别、访问控制、数据脱敏、数据加密、数据防泄漏、数据备份等多种数据安全防护手段，尤其是数据被共享时，要对共享数据实施分类和分级管理，并要执行“加密一切”的措施，确保共享数据的安全。

数据加密技术是指将一个信息经过加密钥匙及加密函数转换，变成无意义的密文，而接收方则将此密文经过解密函数、解密钥匙还原成明文。加密技术实现了只有指定的用户和网络条件下才能获得解密后的原始数据。即使出现数据泄露，被泄露的也是经过加密后无法理解和使用的密文，窃密者需要对密文进行再破解，才可能获得原始的数据。

系统管理者可根据自身的具体需求，选择合适的数据加密方式和产品，并将加密数裾的访问权限与用户访问权限设置进行匹配，有效实现对加密数据的管理。需要说明的是，对财务系统的数据进行加密保护时，要把握方便使用与规范处理之间的平衡。首先，软件加密的控制措施不可独立存在，要与企业财务的内部分工以及岗位牵制相结合，使得掌握部分操作权限的会计人员能够顺畅工作的同时，保证系统的安全控制手段与会计人员业务处理的习惯不会发生冲突。其次，考虑到全面审计与责任确认的方便性，应该尽可能让财务人员在利用软件操作数据更新、修改、冲销等过程中，留下能够判断其思路与动作的痕迹。由此，在系统设计的过程中，应强化密码管理，完善分工权限的牵制职能等[51]。

（4）数字签名技术

数字签名技术是数据加密技术逐步发展的产物，能够有效解决网络会计通信中特有的安全问题，在保证共享服务中心信息化平台的信息安全

（包括身份认证、数据完整性、不可否认性以及匿名性等）方面有重要作用。使用数字签名技术能够确定信息确实是由正确的发送方签名并发出的（他人无法假冒），同时数字签名能够保证信息的完整性，防止他人篡改信息内容。对于需要向外部提供机密信息或接收机密信息的企业而言，数字签名能够有效保证信息来源的准确性和内容的完整性[52]。

（5）网络审计技术

对信息系统的访问也需要网络审计技术，常见的三种技术类型包括电子签章审计、网络数据库审计及系统软件审计。在网络化的电子商务环境中，很多商业信息都是以电子文件的形式进行存储和传递的。因此，传统的盖章已经失效，出现了电子签章审计。电子签章技术的特点是应用面广泛，可以应用在任何需要的信息上，其实质是一种特殊加密的数据，并不等同于传统的签章。为了保障数据信息的可靠性和完整性，出现了数据库审计技术。对数据库的审计可以采用计算机抽样取证、计算比较与综合分析、嵌入实时审计软件网络数据实时备份加密技术等，进行审计工作以保障数据的安全性和稳定性。对信息系统软件的审计主要是要评价一个系统的软件质量和功能，防止在软件方面的修改造成的信息虚假，可以采用业务数据测试法、整体数据库模拟测试、平行模拟技术、平行运行法等技术手段实现不同的审计目的。

（6）防火墙技术

随着计算机和互联网的普及，“防火墙”已经成为尽人皆知的一个词汇。防火墙指的是一个由软件和硬件设备组合而成的在内部网和外部网之间、专用网与公共网之间的界面上构造的保护屏障。它通过在网络边界上建立相应的网络通信监控系统来隔离内部和外部网络，以阻挡来自外部的网络入侵；通过对服务、方向、用户、行为进行控制，保证只有经过授权的数据包才可以通过。因此，采用防火墙技术可以对信息系统安全和数据安全进行很好的保护。

防火墙按照网络体系结构，可以分为工作在应用层的网关级防火墙、工作在传输层的电路级防火墙、工作在网络层的路由器级防火墙、工作在数据链路层的网桥级防火墙、工作在物理层的中继器级防火墙；按照应用技术可以分为应用代理防火墙、电路级网关防火墙、包过滤防火墙。

但需要提醒的是，现实中仍存在防火墙无法防范的安全威胁。例如，不能防止不经过防火墙的攻击，不能防止网络内部攻击，不能防止传送已感染病毒的软件和文件。同时，由于不同公司的防火墙策略不同，对防火墙的管理和配置也有很大的难度，容易出现一些安全上的漏洞。

（7）信息安全检测

信息安全检测即入侵检测系统，通过软件和硬件结合的方式，对入侵进行检测，对一些入侵信息系统和数据的行为做出实时的响应，是一种动态的安全防御技术，通常与静态安全防御技术（如防火墙）结合应用于信息系统安全和数据安全的管理中。根据入侵检测系统收集信息的来源，可以将其分成基于网络的入侵检测系统、基于主机的入侵检测系统、基于应用的入侵检测系统。目前，常用的入侵检测技术主要有统计分析技术、预测模式生成技术、基于神经网络的检测技术、状态转移分析技术、模式匹配技术、数据挖掘技术针对分布式入侵的检测技术。入侵检测技术是随着互联网而发展起来的一种安全技术，随着互联网的发展和信息系统安全和数据安全管理要求的提高，入侵检测系统的发展也会出现大规模分布式的检测技术、数据挖掘技术、更先进的检测算法、人侵响应技术等。

（8）隐患扫描技术

无法识别漏洞的存在性以及漏洞修补及时性的缺陷是威胁信息系统安全和数据安全的重大隐患。而隐患扫描技术可以通过模拟黑客攻击，对系统的漏洞进行扫描，之后向安全管理人员提供一个可靠的安全性分析报告，此时，管理人员可以找到系统中薄弱的部分，并进行针对性的优化。目前，对于隐患扫描的主要方法有基于客户的安全评估系统、采用网络探测方式的安全评估系统、采用管理者方式的安全评估系统。

2. 管理角度

信息系统数据安全管理即针对企业信息的丢失、泄露、篡改及破坏等风险问题，采取系列防御性措施，为企业信息系统提供真实性、保密性、完整性、有效性、综合性的技术服务。保护企业信息系统的安全，不因偶然或恶意的原因而遭受破坏、更改、泄露，确保信息系统的安全可靠运行，切实提高效率和服务质量，为使信息系统更好地服务于企业的整体运营和管理而建立一套有效的安全管理制度。其内容包括硬件管理与维护控制、系统环境的管理和控制、组织机构和人员的管理和控制、系统操作的管理和控制、文档资料的管理和控制等各方面[52]。

在财务共享服务中心的信息系统数据安全管理工作方面，财务共享服务中心应建立专门的信息安全管理领导小组，作为信息安全决策的最高决策机构，在组长的带领下建立信息安全管理体系（SMS），为信息安全管理提供依据。而人员安全行为和意识的管理始终是整个安全防护体系建设的核心。ISMS 的规划与建立应遵循 PDCA 模型，即规划建立 ISMS、实施和运行 ISMS、监视和评审 ISMS、保持和改进 ISMS[53]。信息安全管理组织下设专业的信息运维团队，对信息系统进行专人专项的、系统化和全面化的管理和维护，形成快速解决和及时预警的运维模式，防止信息系统的裸露性和可入侵性。

同时，应建立集中的监控管理平台，对系统进行及时有效的监控和管理。它包括定期的预防性排查、系统故障及缺陷处理，定期的备份和健康性检查、系统优化升级、系统安全加固以及系统安全备份测试等。

财务共享服务中心还需要建立相应的信息系统数据安全保障策略文档。文档的内容包括核心业务系统的安全等级、需要达到的安全防护标准以及达到预期的安全目标所采取的管理措施、技术措施、硬件设备投资等。安全策略文档的内容要能够真实准确地反映财务共享服务中心的信息安全管理实践，安全策略浅显易懂，能够为员工所接受，在相关奖惩措施上要得到领导层的认可，安全策略的执行要与财务共享服务中心的运营策略相匹配。

具体到信息系统数据的操作安全管理，主要包括数据的权限控制以及数据的处理控制两大模块。

在数据权限控制方面，财务共享服务中心信息平台的每一个子系统都可以根据企业业务具体需求，量身定制出各自的权限管理方案，彼此之间加以配合，实现权限控制的便捷性与合理性。例如，ERP 和资金管理系统可以根据使用者的岗位定性，在权限设计时，为使用者设计不同的角色，确保使用者获得合理的数据信息使用权；对于网络报销和影像系统，可以根据使用者的工作定位，在权限设计时，规定使用者在流程的不同环节依据不同的权限访问不同范围的数据[54]。对于数据的操作（增、删、改）和业务流程中的关键操作也应该建立完善的权限控制体系。某一层级使用者如要进行一些非常重要的操作，可规定必须由该使用者的上一级管理者提供一次性授权后方可进行此类操作。

在数据处理方面，要对数据输入、输出以及相应处理的安全性进行控制，如果有缺乏严格控制检验的凭证录入整个系统，会直接影响财务数据的真实性和准确性。因此，首先，要对输入的原始数据、代码等进行必要的审核，以保证其合法性和真实性。在输出控制中，要验证输出结果是否正确，是否处于最新状态，以便用户随时能够得到最新最准确的会计信息。其次，要确保输出结果能够发送到恰当的接收对象，保证文件传输的安全正确。在此基础上，还应该对用户的访问、操作行为进行记录和监控，跟踪系统的活动变化过程，在出现安全问题时，通过系统记录的日志迅速发现问题来源，快速解决问题。

（1）管理流程和操作规范标准化

管理流程和操作规范的标准化是数据安全的制度和管理保障，可以有效防止和改进流程中存在的风险点，使得财务共享安全和高效。在审查和评估管理流程和操作规范时，要改进现有流程的风险点和安全漏洞，其次要和实际操作人员详细沟通，识别安全风险，并优化流程和规范。建立日常检查和维护机制，定期对网络和安全设备、服务器、数据库、中间件、应用系统等进行安全事件监控和病毒检测工作，并收集安全日志，对数据安全情况进行统计和分析，进行安全事件审计。

实施数据安全治理、降低数据安全风险，满足合规性要求、抵御内外部攻击威胁、保障数据安全。对财务共享数据生命周期全过程进行安全监管，及时发现数据风险、安全威胁和安全漏洞等问题，并通过技术手段、管理手段进行加固和完善，保证财务共享数据的机密性、完整性和可用性。

（2）定期及时维护和完善财务共享服务中心的信息系统

一个流程清晰、功能完善、管理集中的信息系统是财务共享服务中心正常发挥作用的前提。在一个稳定和较完备的系统支持下，财务共享服务中心才能突破时间和空间的限制，为企业经营管理者提供快捷准确的财务服务。因此要搭建一个高效的信息管理系统，企业根据实际需要，结合成本效益原则实施共享服务中心信息系统平台对接和整合建设。构建一体化的管理平台，尽可能将多个系统整合，使各模块的基础数据、影像记录存储到一个系统，能相互对接传递，从而降低多系统切换造成数据不完整的管理风险。稳定的信息系统是财务共享服务中心持续正常运行的保障。应定期维护信息系统，每季度末对系统进行更新维护，避免系统问题导致报表质量受影响，降低服务器无法响应造成系统崩溃的风险。设置好系统维护的尺度标准，避免业务性质或法律法规变化而影响数据信息质量，维持信息系统有效运行的连续性和稳定性。涉及系统维护变更时由财务共享服务中心人员提交变更申请，经审批后，由 IT 主导，组织协调相关业务处理人员，先在系统的测试环境中做好变更，并通过相关的交易测试运行结果，确保测试达到预期效果后再转入常规应用系统。

（二）合同管理

指导文件：集团公司合同管理制度、付款规范。

预警指标：①合同单位与结算单位不一致；②劳务队代购材料。

评价与控制：强化合同审核，实施系统管理，建立以“控”为主的合同风险防范机制。针对未与业主签订施工承揽合同先行上场施工的问题，通过在添加核算账套时强制提供合同加以管控。

财务共享服务中心在业务单位申请增加核算账套或建造合同辅助信息时，要求同时提供施工合同扫描件，否则不予添加核算账套或辅助信息。未及时签订合同的问题，会采取无合同不办理结算、收付款等手段加以管控。针对结算单位与合同单位不一致问题，通过对变更资料的真实完整性审核加以管控。

1. 签订环节

签订的合同是后续诸多风险发生的源头，在财务共享服务中心建立以“控”为主的合同风险防范机制，各单位将签订好的合同提交共享服务中心统一审核。共享服务中心按照合同审核要点审核合同，将问题合同及时退回各单位整改，未经共享服务中心审核的合同在后期的结算、支付环节均不能引用，从而降低合同签订风险，将防控关口前移。

2. 结算环节

建筑施工企业合同纠纷风险主要体现在结算环节。财务共享服务中心建立以“堵”为主的合同风险防范机制。在审核结算、付款业务时，重点审核是否引用合同，并严格按照合同中约定的结算、付款条款来核实业务的真实性、附件的完整性、签字的齐全性。减少结算依据不足导致“扯皮”事件发生概率，降低了结算环节风险。

对合同收入与成本确认单，共享服务中心应审核附件是否齐全，重点审核“合同收入与成本确认单”是否有相关业务部门负责人、分管领导、党政主管联签的《期末关账清单工作已完成承诺表》，是否采用完工百分比法计算成本、收入等方面。涉及变更索赔、合同外奖励业务，共享服务中心应审核附件资料是否完整、签字手续是否齐全、金额是否相互印证，对不符合规定的业务予以驳回，确保建造合同确认依据充分、可靠[44]。

（三）资金管理

指导文件：A 集团公司资金管理标准等。

预警指标：①对收取业主、上下级单位款项以外的资金要求附报收款内容说明材料，发现三级及以下单位无收款说明或解释不合理的；②对股份系统外单位出借资金；③股份系统内拆借资金；④抽逃注册资本金；⑤股份公司系统内三级公司及以下单位购买银行理财产品。

评价与控制：完善内控制度，加强过程管控，定期检查核对，防范账户使用风险。针对出借本单位银行账户问题，采取细化制度、具体分析、分别处理等方式加以控制。针对向外部单位拆借资金问题，采取加强合规性审核、禁止变通等措施进行规范。加强票据管理，严格执行票据相关法律法规，防范票据风险。收款单位工商变更后应及时提供工商变更证明、严格审核付款业务，特殊情况应按规定审批或备案。

资金收支作为风险管控的重要项目，共享服务中心对资金收支业务采取了多方面防范与管控：①对收付款业务的合理性、合规性加强审核，对不正常收付业务予以驳回；②针对预付款支付不规范问题，在单据审核中采取了合同条款无约定不付款措施；③启用“应付账款”科目余额赤字管控，赤字时自动驳回单据，从系统管控杜绝超付款发生；④开通网银支付业务，强化资金管控力度，对低效无效账户要求各单位全面清查，及时销户，对准备开通网银及密码支付器的账户限期开通，强化资金管控力度[44]。

1. 细化工程项目成本费用全过程管控工作

建筑施工企业成本费用控制的关键和基础就是工程项目的管理，必须加强项目成本的全预算工作，从项目的投标报价、合同谈判到材料成本的节约，从间接费用的支出和管理费用的把控都要进行精细化管理。在投标和合同谈判阶段，可以降低工程履约保证金、质量保证金等沉没资金的比例，争取工程款拨付节点的提前和比例的提升；建筑主材要采取集中采购平台，采购过程中要体现“公平、公正、公开”的原则，保证采购过程的透明性和公正性，杜绝采购回扣及其他不必要费用的发生；对于施工期间产生的费用支出要严格把控，争取项目利润的最大化。

2. 建立长效可行的应收账款管理制度

项目经理应明确收款责任人，按合同约定和工程进度及时收取工程进度款；提升自身引领结算管理的能力，推进竣工结算工作，并敦促建设单位在合同约定时间内审定材料，形成合法债权；明确项目责任人，对于超过期限的应收账款应定制切实可行的清欠方案和相应的奖惩措施，必要时可成立专门的清欠办公室，采取各种手段有计划、有针对性地收回工程款；由于建设单位失信造成停缓建的工程项目，可以融资带动清欠，引入第三方资金，盘活停缓建项目，加速资金的回笼和周转。

3. 加强资金运营的全过程管理

完善资金筹资决策机制，首先要对现有经营规模以及发展态势进行分析，对融资的数量、用途、使用期限充分地调研，融资量超出需求范围造成资金成本的浪费，以及负债到期集中造成资金压力的集中都会形成资金风险，因此必须合理融资并对企业负债结构做短期、中期、长期上的匹配；拓展融资渠道，创新融资机制，建立银企之间合作的深度与广度，扩大免担保信用贷款的规模，在传统金融产品的基础上，创新使用融资租赁、贸易链、大项目融资、企业债等新型金融产品。为适应建筑业发展“新常态”，积极引进 PPP、扶贫、新能源、基础设施、民生工程等项目融资模式，降低资产负债率，加强资金风险管控；实行资金的的投资和功能要有明确的要求，要有合理的评价标准和评价方法，设计单位投标时也必须将方案和投资结合起来作为投标文件的组成部分，中标后可作为方案优化的依据，供房产企业进行参考[45]。

4. 可控的资金计划管理

资金计划管理模块是资金管理平台不可或缺的重要功能，它主要提供资金计划上报、资金计划审批、资金计划配置、资金计划分解等系统功能。资金计划管理模块通过和预算管理系统关联，可获取企业年度、月度资金计划数，便于集团管理层了解整个集团层面或者下属二级单位或部门在未来一段时间的资金收付情况，以及时在系统外做出管理决策；通过和网络报销系统以及 ERP 核算系统的关联，资金计划管理模块可获取资金计划实际执行数，完成对企业每一笔业务、每一笔资金的填报、控制、发生、记录等全过程的跟踪，实现“事中控制”；通过资金计划的分析和预警，资金计划管理模块可完成对资金来源和资金使用情况的多角度分析，帮助企业提升决策能力，增强企业竞争力。

以某企业为例，资金计划管理是该企业资金头寸安排的重要依据，计划的准确性、及时性有利于企业资金的成本最小化、收益最大化。在财务共享项目启动之前，该企业一直致力于将周计划与日计划结合的方式从线下搬到线上，但碍于企业原有的资金系统无法很好地支撑该项目，一直未彻底解决此问题。然而，在对共享项目进行了探索创新后，资金计划管理很好地解决了资金计划过程管理与考核的难点。主要表现在以下四个方面。

一是以周计划、日计划为管理手段，贯穿资金计划全循环：编制—审批—执行—调整—反馈，实现计划申报、审批、执行的时间性标准统一。

二是适应实际业务场景的复杂性。项目组通过众多场景（资金不足、单据调整、采购集中支付三大场景）讨论分析设计形成业务方案，针对集团计划调减、需求方计划追加系统化解决方法。

三是资金计划与资金支付的关系得到很好的解决。共享结算组可以完全根据资金计划付款，很好地解决了共享结算组管控及执行的操作性风险。

四是提供资金计划的事后偏差率分析信息，实现资金计划偏差率评估标准的统一。

5. 智能化的资金结算

资金结算（包括对外结算与对内结算）是财务日常工作的重要内容之一，也是企业自动化程度较高的财务流程之一。在财务共享服务模式下，企业通常采取统筹资金计划、集中结算的资金结算方式。

以应付流程为例，应付流程是共享服务中实施最为广泛的业务流程，这与其自身高度标准化且有大量业务量支撑的特点相一致。应付流程主要解决面向公司内外部供应商的费用报销及货款或服务支付的问题。以采购结算共享为例，在传统模式下，通常一个完整的应付账款流程是：采购部门根据业务规划制订相应的采购计划，采购部门根据采购计划，选择供应商→确定供应商和采购物品型号等信息后，采购部门与供应商签订购销合同→供应商根据购销合同内容，及时将货品发出→物控部门收到货品后，及时验收并进行入库操作→物控部门将相应入库资料扫描上传至业务系统内→业务系统内信息传送至财务系统后，财务部门根据影像资料进行审核，并在财务系统内登记入库明细资料→财务部门在财务系统内根据入库明细资料，编制相应应付台账→采购部门向供应商索取发票→取到发票后，采购部门提交付款申请→总经理室对付款申请进行审批审核通过后，由财务部门对付款信息进行审核，确认无误后进行支付处理。

随着技术手段的逐渐成熟，企业的上述采购结算流程正在日益变得自动化和智能化。当下企业通常会在财务共享服务中心或者费用管理系统之上搭建企业商城，企业在采购时，商城内不仅有京东、苏宁等电商平台，也支持接入企业通过招标确定的材料、服务等私有供应商。供应商把商品和服务按协议价格发布在商城上，企业经过比价选择、预算审批等完成下订单等环节。此时，订单会按物资提供方的不同自动分解并分发，到货签收或者服务确认时会按规则自动确认接收。

在此模式下，资金的结算模式也是自动的。结算时，系统按结算对象和结算规则自动生成结算单，并自动进行订单状态的核对。供应商在系统内核对清单、开具发票，通过与税务平台的数据对接，平台自动获取发票全票面信息。系统同时会将付款信息转换为符合网络银行接口标准的支付数据，通过网络银行或银企互联的方式完成支付，企业在结算过程中，通常还会遇到信息出错重复支付、紧急支付等情况。再以某企业为例，该企业的资金支付的自动化应用将日常及特殊场景相结合，适用于正向及逆向等多种付款场景，支持企业日常资金支付的自动化应用。对于付款类业务，该企业财务共享项目的资金支付是通过生成支付建议推送至企业原有的 CS 资金系统，由资金系统统一支付。财务共享系统起到了一个事前控制、事后跟踪的作用。支付建议与资金系统相互映射配置，使得支付建议不仅能满足该企业对资金计划管理的要求，同时也能满足 GS 资金系统支付的场景。

由于该企业资金类映射较为复杂，在系统前期测试中频繁出现因资金类映射缺失或有误导致的支付建议未生成等情况。为解决该问题，该企业做了以下工作：一是当单据最后一个审批环节提交单据时，提示无法生成支付建议；二是单据无法提交时，系统会自动通知系统管理员及申请人；三是处理完毕后，系统管理人通知最后环节审批人再次进行提交，生成支付建议再继续资金支付流程。

这样的处理方式，既减少了产生无效支付建议的机会，同时又能保证单据无须反复签核，提升效率，还可以自动、及时提醒系统管理员及时了解问题，缩短响应时间。

此外，该企业还会经常出现一些紧急付款申请流程。由于这些流程针对特定业务，既要保证资金支付的及时，同时也要保证企业的审批授权、风险控制的执行。为此，该企业进行了以下创新。

其一，紧急付款流程被发起后，系统会自动将信息记录在紧急付款台账，便于管理人员随时了解紧急付款情况。

其二，共享财务人员在审批单据时，需及时在紧急付款台账上登记原单据号，保存后，系统将原单据的付款类型自动改为“后补不付款”，原单据仍继续签核，生成支付建议，但CS资金系统不再支付。

其三，共享财务人员需在原单据审批完毕后将单据状态、完结日期在紧急付款台账上进行登记，形成对整个流程的全面记录，便于发现异常，及时管控风险。

而在信息出错重付流程上，为简化信息出错重付的流程、改善客户体验、保证资金安全，该企业对信息出错流程进行了以下创新。

其一，重新设计信息出错重付审批单，单据在资金支付台账界面，通过选择单据进行发起，对发起条件（支付失败、支付成功传递GS系统失败）进行限制，并且一条建议仅能被触发一次，保证资金安全。

其二，信息出错重付审批单被发出后，信息自动复制所选单据的付款信息到表单明细区，使流程审批人员能够对付款信息变更前后的内容一目了然；付款区通过权限控制申请人可变更付款信息，既保证能满足业务实现需要，也尽可能地降低风险。

其三，信息出错重付审批单在填写过程中，对付款区增加了确认是否有信息被变更的校验，以减少误操作。信息出错重付的深入应用，取代了原来的手工发起功能，很好地解决了退回重付的收款凭证入账问题。

该企业财务共享项目在一些结算流程上的创新，从根本上解决了资金计划部署线下沟通的成本及手工录制资金计划并以手工形式下发分、子公司的问题，大量减少了手工维护的成本，资金支付的风险控制进一步加强，单据漏支付、重复支付的审核流程通过自动化进行优化升级，显著提高了流程效率。

6. 其他资金管理技术

除了银企互联技术之外，在企业实践中，还有一些企业财务共享服务中心往往会提供更为系统化的功能，如资金的自动划拨、资金凭证的自动生成、来款的智能清分等。

资金的自动划拨。基于系统设定规则，对资金的归集方式，如先横后纵等进行定义，由系统在指定的时间自动完成相应的上划下拨。资金的自动划拨，一方面降低了 FSSC 的日常操作难度，另一方面有效地支撑了企业集团资金池的建立和管理。

资金凭证的自动生成。传统模式下，资金完成结算和划拨操作后，需要手工完成会计凭证的记录。而自动凭证的功能则通过在资金系统中建立会计引擎，根据设定的规则，自动完成结算和划拨凭证的处理，从而有效地提升制证的效率和准确性。

来款的智能清分。通过预先定义规则，对企业收到的来款进行性质识别，如区分是否属于销售回款，再进一步进行客户匹配，使得企业的各项来款能够进行初步清分。依托后续流程的支持，各项来款能够更加快速简单地完成核销等账务处理。

（四）资产管理

指导文件：A 集团公司资产事项管理标准等。

预警指标：①公司车辆、设备、房产、机械设备等产权或者发票为个人、外部单位；②固定资产投资超过预算总额；③已提足折旧未报废资产。

评价与控制：做好规划可行性分析，严格履行审批程序，预算总额刚性约束，防范项目投资风险。明确评估事项，评估机构股份公司审批，评估报告股份公司备案，确保资产评估合法有效。规范资产核算，完善资产管理模块，加强实物资产管理，不断夯实资产管理基础。

RFID 技术，即射频识别技术，是一种利用无线射频信号获取物体的相关数据，并对物体加以识别的技术，该技术是无线通信技术与半导体技术相结合的产物，是当前应用最广泛的非接触式自动目标识别技术之一。RFID 技术作为物联网的核心技术，在物联网管理中被广泛应用。例如，应用 RFID 技术，进行企业供应链管理解决库存错位问题，以及构建图书馆自动化集成管理系统，保障图书自主借阅的安全性，以及进行固定资产的管理。但是由于铁路建设企业管理对新兴技术的应用比较滞后，在固定资产管理过程中，RFID 技术尚未得到应用，也未与财务共享服务中心实现联动。针对 A 集团公司固定资产价值高、存量大、类型多且周期长的特点，在财务共享服务中心平台上，应用 RFID 技术，对固定资产进行全生命周期跟踪管理，实现固定资产数字化管理及精细化管控，对 A 集团公司降本增效、管理水平提升至关重要。

在财务共享服务中心，A 集团公司固定资产从战略规划的发起，到购进、退出全流程，本质上就是一个企业业财融合的过程。通过固定资产管理的五层系统联动，实现固定资产管理业务与企业财务的融合。基于财务共享服务中心的固定资产管理系统管理联动的具体设计如下：

用户层。固定资产三级管理部门各自具有严格的使用权限。最高层的固定资产战略委员会发布战略规划并具有查看全部固定资产信息的权限；固定资产管理部门具有查看和修改整个集团企业固定资产信息，并对固定资产管理的业务请求进行线上审批的权限；固定资产使用部门仅具有访问和修改本单位名下的固定资产信息的权限。

应用层。涵盖了固定资产从形成至报废退出的全生命周期的所有业务，具体包括固定资产购置登记、日常管理、处置退出和决策服务几大业务模块。打破资产管理部门的职能边界，实现固定资产全链条全过程的闭环管理。

数据层。首先，对应用层产生的固定资产管理的业务操作数据进行处理、整合，形成固定资产管理数据库。其次，以数据库导出固定资产 RFID 数据码作为 RFID 技术的应用起点，固定资产“一物一码”管理，建立固定资产实物与财务共享服务中心的联结，实现固定资产全生命周期动态跟踪记录。再次，通过数据可视化，对固定资产购置、调拨、使用、维修等运营数据进行多维度的可视化分析与表现，为应用层固定资产决策服务提供可视化的决策支持。

业务层。财务共享服务中心平台对其他业务部门开放，对接各业务子系统如预算管理系统、合同管理系统、采购管理系统、资金结算系统、会计核算系统、销售管理系统、报表编制系统等，供固定资产管理业务处理随时调用。

物理层。通过智能终端、RFID 读写器、RFID 数据标签、网络服务器等工具，扫描固定资产实物，将 RFID 获取的信息传入到数据层，实现固定资产实物与固定资产数据库的实时交互，动态追踪固定资产的账实相符。

基于 RFID 的固定资产管理具体流程固定资产全生命周期管理包括购置入库、日常使用、报废处置三个阶段，实现固定资产从规划形成、运营维护、直至报废退出整个过程的闭环管控。企业的固定资产管理，在购置环节可能存在随意、重复购置严重的问题，在处置环节，可能存在资产实物管理与价值管理脱节问题，利用 RFID 技术可以克服固定资产管理中的以上问题。RFID 数据标签作为固定资产信息数字化的实物载体，是每项固定资产独有的身份信息标识，自固定资产形成之日便附着在固定资产实物上，固定资产的后续运营，均需要扫描 RFID 数据码完成验证匹配后，才能进行固定资产实物流转。下面以固定资产购置和处置的业务流程为例，说明 RFID 技术在财务共享服务中心的应用。

1. 固定资产购置

与传统 ERP 环境下固定资产购置相比，可以在财务共享服务中心运行的固定资产购入，新增 RFID 数据码的生成导出流程，以此作为固定资产全生命周期管理的起点。RFID 技术为固定资产后续管理提供数据支撑，是财务共享服务中心固定资产购置流程的特色。具体说明固定资产购置流程。第一步，申请采购。在财务共享服务中心，从应用层的固定资产购置登记模块发起输油泵购置申请，在业务层的预算管理系统进行审核。预算审核通过后，在数据层将审核结果与采购方式进行匹配，在业务层再联动采购管理系统购入。第二步，验收注册。用户层的固定资产使用部门对新购入的机器设备进行实地验收，联动财务系统审核进入资金结算与资产入账，新增注册数据沉淀在数据层，自动生成 RFID 数据码，并将其导出附在机器设备上。由此，以 RFID 数据码为起点，固定资产“一物一码”，建立起资产实物与数据账表的联结，跟踪固定资产的后续管理，实现固定资产全生命周期动态管理信息的全记录。

2. 固定资产处置

固定资产处置是指固定资产在其后期存续过程中出售、持有待售、报废、毁损及盘亏等业务。在处理对外出售、报废资产退出、闲置资产内部调拨等业务时，账实相符是固定资产后续管理的关键问题。在财务共享服务中心，固定资产与 RFID 数据码一体，当固定资产后续状态发生变化时，扫描 RFID 数据码，利用数据可视化技术，保障线上固定资产信息变动与线下固定资产实物流转的统一，实现固定资产的账实相符。基于 RFID 技术的油田企业固定资产处置业务流程，以年末固定资产清查为例，具体说明固定资产处置流程。在物理层，通过移动终端扫描 RFID 数据码，在数据层，通过数据库调取该固定资产全生命周期信息，判断其资产状态。其一，若折旧期满，申请报废退出。在应用层固定资产处置退出模块发起固定资产报废申请，审核后，在业务层联动财务系统自动注销固定资产台账。

其二，若折旧期未满，资产闲置，则申请闲置处置。在应用层固定资产处置退出模块发起固定资产闲置处置申请，在数据层，对整个企业的资产运营数据智能分析，自动匹配企业其他部门的资产需求，实现线上数据的更新与线下实物的交接同步，保障资产实物状态与平台数据相符。由此，依托 RFID 数据码，做到闲置资产统筹调拨、报废资产及时注销，保证资产实物与平台数据相统一，实现固定资产账实相符，提升固定资产管理效益。综上所述，通过移动终端互联网，实现 RFID 数据标签与财务共享服务中心固定资产数据的实时交互，做到固定资产线上业务处理与线下实物流转同步进行，保证账实相符，实现资产管理、财务核算、资产监管的有效统一。

针对企业财务转型的需求，构建财务共享服务中心平台下的固定资产管理框架和流程，重构传统财务处理流程，打破部门层级间的信息孤岛，实现固定资产横纵联动管理。应用 RFID 技术，将固定资产跟踪管理嵌入财务共享服务中心，通过数据的可视化做到账实相符，实现固定资产的后续管控，具体而言：其一，通过总体架构设计，重构固定资产信息管理系统。财务共享服务中心平台下的固定资产信息管理系统分为用户层、应用层、数据层、业务层、物理层五层。通过物理层进行固定资产信息的识别和追踪；通过数据层与业务层系统联动，构建固定资产数据库，为固定资产管理提供可视化的决策支持；通过应用层对固定资产进行具体的业务处理；通过用户层接收数据层反馈的固定资产业务处理的结果。

其二，应用 RFID 技术，提升财务共享服务中心固定资产数字化管理水平。固定资产“一物一码”，追踪固定资产业务活动的过程，采集固定资产全生命周期信息，做到账实相符。通过固定资产的流向，判断经济活动的真实性、合规性，防范风险，发现漏洞，自动识别风险点和控制点，进行实时控制。

其三，在固定资产管理信息系统的基础上，以智能信息技术推动油田企业业财深度融合。随着人工智能算法和区块链技术的发展，财务共享服务中心将深度挖掘数据，实现全场景智能化决策。利用区块链技术，保障业务信息和基础财务数据来源的真实性和合法性，保障财务、业务流程数据在时间轴上的一致性，防止数据被篡改。利用财务和业务大数据，训练神经网络模型，通过知识图谱及机器学习，对重要业务事项和企业资产、资源情况进行实时分析和预警。结合数据可视化技术，提供实时财务状况给决策支持系统，以精准定义和计算绩效信息进行数据预测，甚至提供解决方案建议。同时，财务共享服务中心还将进一步延伸前端业务触点，推动财务全业务链共享赋能，实现企业数字化、智能化转型升级[55]。

（五）内控管理

指导文件：A 集团公司会计核算体系管理标准等。

预警指标：①发现有岗位设置职能交叉、缺失或权责过于集中的现象；②审核付款业务时发现未按规定审批或备案的事项。

评价与控制：完善内控制度，明确审批流程，合理设置审批权限，切实增强内控制度的有效性。明确职责范围，强化内控过程监督，加大检查惩处力度，切实提高内控制度的执行力。

1. 优化完善财务共享模式下内部控制环境

一方面，要对企业财务对业务的管理范围进行划定，针对现有财务流程中标准化程度较低、地域性差异较强的流程进行重新评估，决定该业务是否应该纳入财务共享服务范围，尤其要解决当下企业存在的重财务核算，轻财务分析问题，用以确保在新型管理模式的应用背景下，财务与业务之间能够实现科学管理。另一方面，还要加强财务与业务部门间的沟通交流，用以解决当下两者相离偏远的局面。

2. 优化组织结构

在新型管理模式的应用背景下，企业虽能够对财务信息进行收口，但却不能准确了解各分支部门的客户信息以及供应商信息等。为此，企业可以加强前端会计监督力度，增强财务部门与业务部门间的沟通交流，以实现企业内部的合理、优化管控。为提高财务共享模式的管理效果，企业需设立相应的培训部门，定期对员工进行岗位培训，让各员工能够熟知各业务流程，进而实现跨部门交流。

3. 完善财务共享服务中心的风险评估

在财务共享服务中心的完善过程中，应将风险评估放在首位，这是降低整个企业运行风险的决定性因素，同时也能提高整个企业系统的控制性能。此外，还需建立完善的风险管理预警体系，结合企业的实际发展现状，对企业内部的财务工作进行优化，并借助财务共享管理系统，对所有工作流程、工作环节、工作数据等进行实时监控，以防止财务风险问题的发生。

4. 充分发挥会计监督作用

为使财务共享模式下的内部控制效果更好，需要建设一支集管理、监督、控制为一体且能力较高的队伍，以此来明确各部门、各员工职责，提高企业的经济收益和社会竞争力。企业也要授予管理者相应权力，如财产监督与管理权力、人员监督与管理权力等。同时，也要求管理者在行使权力时，坚持公开、透明的原则，具体事务具体处理，不徇私枉法，以此打压官僚风气。一旦发现企业财务出现不合理情况，立即采取制动措施，寻找原因，并优化经营与管理方案，以降低企业经济损失[49]。

5. 明确内部控制重点

企业在搭建财务共享服务中心的过程中，需要不断完善与优化内控环境，促进内部管理工作按序开展，相关人员能清晰了解内部管控的重点，并合理地调整与转移控制点。在开展内部管理侧重点转移工作的同时，要合理化地细分工作目标，并且落实到各个部门当中。与此同时，针对会计复核工作、核算工作、审核工作等，做好一系列的管理与监督工作，确保财务工作能顺利进行，还可以确保财务数据准确性。为了顺利达成这一目标，企业就需要建立完善的绩效考评机制，并且激发员工的主观能动性，增强企业的凝聚力。在优化内部经营环境的同时，促进各项财务管理活动顺利进行。

6. 加强内部控制风险评估工作

企业内控工作应当贯穿整个企业运营过程中，结合实际风险评估的要求，提出科学化的风险防范策略。例如，在业务活动与财务活动分离的背景下，需要筛选客户、供应商等，并且给予其更多的关注。在开展财务管理工作的阶段，提出全过程的管理理念，结合客户的基本特点，编制完善的信用档案，促进业务部门与财务部门的沟通，并且整合与收集准确的数据与信息，以便作出正确的决策。只有这样，才能确保做好档案信息的查询工作，清晰地了解客户基本情况。针对签订合同来说，需要明确应收账款，确保信用评价与管理到位。对于强化应收账款管理工作来说，提出相应的赊销政策，并对客户资金使用情况进行审查，做好监督与管控的工作。在构建财务共享服务中心模式的同时，做好全面的风险评估工作，确保数据分析到位，及时提出风险问题应对方案。此外，开展风险评估工作，需要合理安排工作人员，并且分析蕴藏的风险因素，提出合理化的解决策略，保证将企业的风险控制在合理的范围内，促进企业良性发展。

7. 加强信息系统建设

企业相关管理人员需要以信息化系统建设为核心，梳理财务工作流程，并简化审批的环节，消除无效的工作，真正弥补审批工作效率不高的问题，还可以做好全面的财务数据分析工作，避免审核不全面的问题发生。此外，对于信息系统的建设问题来说，相关人员要提升关注度，并保证信息系统的安全性，才可以获取到安全完整的数据信息。基于此，企业在建立安全信息系统建设的同时，应当定期升级信息系统，安装防火墙、设置防火墙。只有确保信息系统的安全运行，才能加快财务共享服务中心的建设脚步，并且为深化内控机制做好铺垫。

8. 实现业务财务协同发展

企业要想将财务共享服务中心的价值、作用有效地发挥出来，就应当实现内部信息的传递与共享，确保内部组织活动顺利进行，合理地梳理工作流程，对工作任务进行划分。在推进业财融合的同时，要更加关注联动专项工作，将财务部门与业务部门的工作衔接在一起。不单单可以及时地发现业财融合中存在的问题，还可以提出相应的解决策略。在业务部门与财务部门工作中，应当做好账龄分析、账款分析的工作，并且及时地催收账款，加快资金回收速度。与此同时，企业需要编制账款催收计划，了解账款回收的时间，避免出现坏账风险问题。财务部门与业务部门需要实现沟通与合作，确保成本管控工作到位，并全面地分析财务预算成本、实际成本支出情况，编制利润表。在对各项内容进行分析的基础上，了解业务部门的降本增效核心内容，编制与落实企业的中长期战略发展计划。

9. 基于流程挖掘技术的内控管理

流程挖掘技术相较于企业传统内部控制管理而言优势显著，具体体现在以下几个方面：

首先，获取的数据更加全面，准确度高。不同于传统内部控制管理出于成本效益原则的考量，流程挖掘技术将大数据与流程管理相结合，能够对企业信息系统中所存储的事件日志进行全量分析，从而能够对业务流程进行更精准的把控，减少因为选取的样本代表性不足而导致分析与实际不相符的情况。

其次，能够获取企业当前的运营信息，而非历史数据。传统内部控制管理高度依赖人工作业，而分、子公司的营运数据需要花费较长时间才能层层传递到内部审计人员手中，流程挖掘技术可以有效避免这一问题。流程挖掘技术是基于企业信息系统中记录的数据进行分析的，内部审计人员可以按照需求随时随地从系统中调取某一时间段或企业当下的营运数据，从而把握企业当前流程的真实运营情况，极大提升信息的时效性。

再次，流程挖掘技术可以增加数据的可比性。业务执行信息因各个分、子公司的规定不同、执行人不同、执行时间不同而难以量化，属于非结构化数据，传统内部控制工作缺少统一评价标准。而企业信息系统中的事件日志通过对每一项操作执行的时间、执行人以及执行信息进行记录，将原本非结构化的数据以耗费时间，耗费货源的形式结构化，为流程挖掘技术提供了充分的控掘信息。内部审计人员可以通过对事件日志进行挖掘，并在数据基础上制定出集团统一的评价标准，增加不同分、子公司间数据的可比性。

最后，流程挖掘技术可以拓展内部控制管理范围，增强事前与事中的管控。目前大多中小企业的内部控制管理同 A 公司一样，都是在发现问题之后采取补救对策，属于事后管控。而流程挖掘技术，一方面，可以通过对企业所有业务流程进行全量数据分析，找到易出现合规风险的流程节点，用数据反哺内部控制管理，从而在风险频发的流程节点开始前进行事前提醒；另一方面，流程挖掘商业软件公司也针对不同信息系统推出了系统内插件，能够实时监测业务执行情况在流程执行过程中及时发现合规问题，起到事中监测的作用。

流程挖掘技术落地所需条件。流程挖掘技术有远超传统内部控制管理的优越性，但是对企业数字化程度与人才要求程度较高，企业需要部署所需条件，才能让流程挖掘技术有的放矢。

其一，企业需要具备较高的数字化水平。流程挖掘技术是通过分析企业信息系统中存储的事件日志，将大量数据信息按照发生的时间顺序以流程图的形式展示出来，以便内部审计人员从数据及流程两方面对业务实际执行情况进行全局的把控。因此，企业需要建立较为完善的信息系统。一方面，公司流程应全面信息化，将以前线下整理的数据上传至信息系统中，使所有业务流程全程可追测；另一方面，应保证统一业务流程均在相同信息系统中运行。不同信息系统的逻辑设置不同，导致数据难以直接进行对比，需要经过数据清洗才能进行分析。而数据清洗依赖于人工作业，难以避免出现遗漏或偏差，通过打通信息系统能够极大提高流程挖掘的效率，从而更好地辅助内部审计人员进行内部控制管理工作。

其二，培养数字化人才。虽然越来越多的流程挖掘商业软件旨在为企业提供“开箱即用”的分析软件，但是内部审计人员仍需要在完整了解流程挖掘运行的逻辑，以及流程挖掘的具体功能后才能有效地利用新技术为企业内部控制管理赋能。因此，内部审计人员应在保证专业能力的前提下，积极学习新技术，向数字化人才转变[56]。

（六）人员管理

财务共享服务中心是典型的从管理中取得效益的组织。财务共享服务中心大量会计人员需要专人管理，包括业务指导、专业培训、职业生涯规划培训、系统操作培训、团队建设管理甚至心理培训等方面。只有做好这些方面的工作，才能保持财务共享服务中心人员以合格的专业技能、良好的工作心态投入工作，才能提高工作效率，从而达到规模化效应。因此，财务共享服务中心的人才培养至关重要，其重点包括知识管理、培训管理及员工职业发展规划。

1. 财务共享服务中心的知识管理

在财务共享服务中心建设完成以后，工作人员流动将会成为常态，为了降低员工离岗对组织运转的影响，标准化的流程管理是重中之重。实现组织标准化流程与规范化制度管理重要抓手之一是知识管理。

知识管理是对知识、知识的积累过程和知识的应用进行规划和管理的活动。具体而言，知识管理活动就是在组织中构建一个量化与质化的知识系统，通过知识的获得与创造、知识的分享、知识的记录与积累、知识的整理与整合等一系列过程，不断地将组织的知识资源反馈到知识系统中，并在系统性的评价中使得知识体系持续优化。如此循环下去，从而形成组织创造价值的无形资本，在组织的管理决策中发挥作用。

在财务共享服务中心建设完成以后，工作人员流动将会成为常态，为了降低员工离岗对组织运转的影响，标准化的流程管理是重中之重。实现组织标准化流程与规范化制度管理重要抓手之一是知识管理。知识管理的思想可用如下公式表示：

$$知识管理=T\times(P+K)^{S}$$

其中，T= Technology，科技：支援知识的聚集与传送；

P= People，人：知识载运者；

K= Knowledge，知识：知识内容；

S= Sharing，分享：加速知识的构建。

知识管理作为知识经济时代出现的新型管理思想，并不是孤立于企业经营管理体系之外的。它本身就是从其他管理领域中提取有关“知识”的管理理念，经过抽象和综合分析才逐渐形成的一种战略思想，从它诞生的那一天起，就与战略管理、人力资源、财务、行政、市场、研究与开发等管理领域具有千丝万缕的联系。知识管理应该以知识管理的战略为首，通过战略管理来推动企业管理的各个层面的升级和改造。知识管理组织从人力资源角度保障了知识体系的形成和管理，知识管理范畴和知识管理工具则从技术层面提高了知识管理的效率和效果，知识管理运行机制则从机制上促进知识创新、知识共享和知识应用。

对于共享服务中心而言，知识管理也很重要。在大多数情况下，组织的知识是非体系化的，很多知识“只可意会不可言传”。如果不能实现共享服务中心内部的知识在组织内提炼沉淀、有效共享，那么非常有用的经验和知识，会随着人员的轮换白白流失掉，非常可惜。

2. 知识体系建设

财务共享服务中心毕竟是新生事物，需要知识的不断获得、积累、创造、分享、更新。因此，建立一套系统的知识管理体系尤为重要。财务共享服务中心的知识体系由职业品质、职业态度、职业技能、职业行为四个维度构成，只有当它们合力作用时才能将效果发挥到最好。

（1）职业品质

职业品质是指对员工先天品质的挖掘和提升，使其本性中的积极因素在工作中得到充分的发挥。财务共享服务中心的工作业务量大、重复性高，处理起来单调而枯燥，需要极具耐心和高度责任感的员工。除了在招聘员工时选择适合岗位需求、具备良好职业品质的员工，财务共享服务中心还需要在日常的人员管理中对员工的职业品质进行特定的塑造和培养。定期开设一些有针对性的职业品质课程如“责任心和敬业心”、“成功学激励”等将员工内在的性格潜质激发出来，有助于其重新认识共享服务的工作和自身的潜质，并在相对枯燥的工作中发挥出来而拥有相应的成就感。

（2）职业态度

员工职业态度是指员工是否积极主动地投入工作并倾向于为组织创造更好的绩效。财务共享服务中心的工作重点不再是传统的借贷记账规则，而是转移到了客户服务意识，尤其是那些专门从事服务外包的公司，他们时时刻刻都在面对客户并为其提供服务。在共享和知识服务中心，“客户意识”相关的培训是员工的必修课，旨在让员工的思想在培训中得到升华，以乐观的心态工作，热情地服务客户，逐步养成良好的职业态度。职业态度的培训应当是以客户为导向的，管理者要虚心听取客户的反馈意见，要基于深层次地了解客户的需求，来安排培训课程，使共享服务中心的服务主旨和客户需求保持一致，最终提高客户的满意度。

（3）职业技能

职业技能是指从事财务共享服务中的业务活动所应具备的岗位技能，不同层级业务活动的技能构成了员工职业技能的知识体系，它是整个知识体系中最为重要的一环。一般的财务共享服务中心的职业技能分为初级、中级和高级三个档次，每个员工上岗前都要经过与工作匹配的技能培训。初级职业技能的培训主要是针对初级岗位的员工，主要倾向于办公室软件的应用和相关系统模块具体操作的培训，以帮助员工提升独立处理业务的能力。中级职业技能培训主要是针对中层管理岗进行的培训，不仅要求员工能够进行基本的业务操作，还要熟悉企业的财务政策、业务流程以及ERP 系统中财务模块和业务模块之间的衔接和数据逻辑关系，若有例外情况发生，这个级别的员工可以根据业务流程和系统运行的原理诊断出问题所在并进行处理或移交 IT 寻求解决方案。高级职业技能培训对象主要是专家型人员，这些岗位的工作不再是处理和管理具体的业务，而是向专业技能的方向发展，如企业的流程管理、制度设计、内部控制、员工培训等，他们将成为支撑财务共享服务中心有效运营必不可少的骨干力量。

（4）职业行为

职业行为是员工在处理具体业务时所体现出来的职业能力，员工职业行为的培养一方面来自员工自身在平常工作行为中积累的经验，另一方面来自财务共享服务中心所做的特定培训。职业行为具体可表现为业务行为、沟通行为等。业务行为是员工从事业务活动的方法，对同一业务的处理，不同员工可以根据具体的业务活动选择适当的方法，因而每个员工可能表现出不同的行为，因此业务行为也不能整齐划一，但企业可以对员工做一些时间管理、团队协作、压力管理等方面的培训来提高工作效率。沟通行为是员工在工作的过程中和客户、同事所发生的交互行为，为提高员工的沟通能力，可开展一些沟通技巧、商务礼仪方面的培训。当然，对员工的职业行为无法做到绝对的标准化，但是良好的业务行为和沟通行为能够有效提升工作效率、减少组织内耗并增加绩效。

3. 知识管理的实施途径

（1）建立知识库和知识地图

财务中心的知识库是通过筛选、分析财务共享的内部数据、文件、档案，融和为可用的知识，储存于整个财务中心内部的一个数据库。通过系统化，共享服务中心每个人员可以随时在数据库里获得知识和学习。知识地图是显示不同知识存储之间重要动态联系的工具。创建财务共享服务中心的知识地图，如岗位知识地图、部门知识地图、行业知识地图等，会告诉新员工他们的岗位要求、需要具备的能力，让新员工尽早进入角色。其他员工可以参阅工作相关角色的知识地图，使自己全面发展，快速成长。

（2）建立学习型组织

建立学习型组织，有助于打造持久竞争力。学习型组织的建立必须基于五种技能的培养，只有经常进行五项修炼，组织才能真正成长为学习型组织。这五项修炼的基本内容为自我超越、改善心智模式、建立共同愿景、团队学习和系统思考。

（3）搭建知识管理平台

知识管理的实施依赖于知识管理平台的建设，搭建知识管理平台，为知识的共享提供了途径。FSSC 可以通过搭建统一的知识管理系统，将无形的知识库转化为有形，从而对知识库进行管理，更有利于员工之间的知识共享。

建设知识管理平台的核心内容是制度的规范化与流程化，从而易于员工学习和熟练掌握，提高流水作业的规模效益。通过建立包括收集机制、建立标准、推广培训、持续改进四大机制的知识管理体系，对工作中形成的标准、方法及技术进行整理和固化，不断转化为员工的日常业务行为标准，使财务共享知识形成积累、固化、转换、创新的良性循环。知识管理是一个流动性的过程，财务共享服务中心的管理层要持续引导，推动知识管理的具体落实，使共享服务中心从上而下形成知识管理的氛围，形成信任和分享交流的组织文化，更好地把共享服务中心打造成一个知识性的组织。管理层的核心成员要组织专门的团队负责整个知识管理体系的设计和实施。具体业务各部门的骨干人员可以专门将知识管理的负责团队制定的相关任务分解执行，并落实到每个员工身上。

具体而言，财务共享服务中心全体员工通过不断挖掘知识、学习知识，传递知识，达到知识积累的目的。在此基础上，由各业务板块高层次的员工和知识管理经理组成，对员工形成的知识进行加工、分类、整理；随后，由知识管理负责人和培训经理进行知识的整理、组织培训和推广；全体员工学习新的专业知识后，应在实务工作中对形成的知识进行应用，并在应用过程中不断完善。

此外，应该认识到制度是保障财务共享服务中心工作顺利进行的基础，而作为基础的制度应该包括《财务共享服务中心标准化工作流程》《财务共享服务中心工作标准》《费用报销手册》等内容。标准化的工作需要专人负责，对财务共享服务中心的知识文档进行管理，并及时更新。其中，标准化的工作流程并不是一劳永逸的，需要不断进行缺陷评估、征求意见和改善，需要采用定期访谈、追踪、调整、后续跟进等多种方式，掌握客户服务满意度、客户需求。对于系统和业务流程的变更，按照效益、成本原则确定方案，评估交接过程中的风险，强化验收测试环节，确保交接过程中公司各项业务正常开展。另外，组织需要建立完善的变更记录制度，保证持续改善工作的顺利进行。

4. 财务共享服务中心的培训管理

在财务共享服务中心模式下，需要财务人员熟悉新的标准化的业务流程和服务要求，并能够通过信息系统与多个远程客户进行业务沟通和服务，对员工的标准化业务操作能力、沟通技能和信息技术操作能力要求更高。而培训是一种有组织的知识传递、技能传递信息传递的管理行为。所以，对员工专业技能、综合能力的培训是财务共享服务中心人力资源管理中的一项基础性、持续性的工作。

（1）培训体系

财务共享服务中心需要建立一个系统的、与业务发展及人力资源管理配套的培训体系，包括培训管理体系、培训课程体系以及培训实施体系。

培训管理体系包括培训管理办法、培训工作流程、培训评估体系、培训预算管理等一系列与培训相关的制度。培训管理体系的完善除了进行制度的完善，制度的有效执行更是其中的重中之重。

培训课程体系是由项目性培训和持续性培训组成。项目性培训包括财务共享服务中心必备知识、运营管理岗位知识、核算岗位知识、票据岗位知识等内容，重点对共享服务中心的业务处理过程进行讲授，旨在有效提高新员工的适应能力与快速上岗能力。当然，企业文化培训、管理和领导技能培训等仍应当作为培训的基础内容。持续性培训的内容包括员工自我成长知识体系、岗位技能知识体系、全员知识体系等，为员工提供持续学习的平台，不断增强专业知识的储备、提升职业胜任能力，实现财务共享服务中心人才储备基地的价值。

培训实施体系则包含了确保企业培训制度实施，并通过培训活动的有效组织和落实跟踪和评估、改善和提高，体现培训价值的一整套控制流程。要想使企业的培训投资产生效益，一个畅通的培训实施流程必不可少。有无完备的培训需求调查、合理可行的培训计划，完善实用的课程内容、科学客观的关键效果评估和记录，成为衡量一个企业培训管理成败的关键。

（2）培训实施

在培训之前，首先应该明确员工已经具备的知识和财务共享服务中心知识需求之间的差距，以此制订培养计划，将员工自身所掌握的财务知识应用在财务共享服务中心运营当中，并对员工的实际操作进行培训和指导。

财务共享服务中心的培训工作应结合人力资源规划展开，侧重组织价值观、专业技能、综合素质及管理能力的提升。培训计划可细分为短期集中培训、长期发展计划以及后备管理人员的管理能力培训。短期集中培训的目的是以员工的标准化操作性培训为主，内容应该包含业务流程的培训、操作系统的培训和新的组织文化的培训。长期发展计划培训内容应该与财务共享服务中心的发展战略相吻合，拓展员工的自身能力，从中选拔、培养后备管理人才。后备管理人员的管理能力培训更多是一种管理潜力的发掘，最好使后备管理人员到共享服务中心的每个岗位进行轮换，在所有岗位熟练掌握之后完成初步的培训。此后，培训主要集中在知识管理和管理经验上，并创造机会让其参与团队的管理，以项目的实例作为培训的教材[57]。

此外，还可以结合员工兴趣和发展潜力，根据业务发展与规划部门提供的管理运营数据适当调整培养目标，制订年度的和季度的培养计划，细分到各周，在沟通写作能力、专业知识、组织策划能力、宣传能力等方面进行有针对性的培养，以确保人员与岗位的适配[58]。

5. 财务共享服务中心员工的职业发展规划

财务共享服务中心与传统财务工作相比，存在工作强度大、工作内容单一的问题。在建设初期，有些财务人员因为流程的混乱而感到痛苦，也有因看不到这场变革的前途而离开。对于基础服务人员而言，他们认为自己在共享服务中心就像输入工，担心自己长期机械化地从事一项单一工作，难以系统全面地掌握财务知识，从而导致其专业技能退化，职业竞争力丧失，这无疑会增加财务共享服务中心的人员流失的风险。有效解决这一问题的关键在于为财务共享服务中心的员工设计一条清晰可行的职业规划通道。

第一，应基于财务共享服务的特点设计未来财务共享服务中心员工的多维度职业发展通道，完善财务共享服务中心岗位体系建设，并设计不同岗位的人员胜任力模型，建立共享服务中心岗位职业发展全景图，明确岗位的晋升和轮岗机制，让员工能清晰地看到，通过自己的努力可以达到的高度。一般情况下分为作业通道、专业通道与管理通道。这三条通道分别设置不同的起点与终点。其中作业通道起点和终点较低，管理通道起点和终点较高，而专业通道起点处于中间位置，终点和管理通道终点相同。建立这种“上升式”的职业发展通道，构建从“作业层”到“专家层”再到“管理层”的人才梯队，使得处于三条职业发展通道上的员工，除了能够实现纵向的向上发展外，还能够在满足条件时实现横向的跨越，给员工提供广阔的发展平台与空间[59]。

第二，针对财务共享服务中心逐步细化的岗位设定经验级别，基于从业人员的工作经验年限设定基本的职务职级，并针对不同级别给予差异化待遇。

第三，建立基层管理者的内部选拔机制。随着财务共享服务中心人员规模扩大以及固定管理跨度的限制，日常运营管理中需要一定的基层管理者，财务共享服务中心应该建立基层管理者的内部选拔机制，为基础服务员工创造职业发展机会。

第四，通过相关岗位业务融合、轮岗、拓展性业务培训等形式丰富员工的工作内容，减少工作单一性。

另外，组织还可以为员工提供向财务共享服务中心外部岗位的拓展机会。经过基础工作的训练，经过业务岗位的训练，再经过总部政策层面的训练，跳出财务共享服务中心，向业务财务、战略财务转型，成为真正能够驾驭企业财务之舟的人才，这也是财务共享服务中心作为企业集团财务人才培养“蓄水池”的意义所在。

6. 重视企业对于文化和人文的管理，进而提高企业的核算管理水平

第一，创造企业自身特色文化，营造良好的企业文化氛围。对于财

务共享服务中心而言，在这一新的管理模式下，财务工作人员要有良好的服务意识和服务热情，企业管理者需要给予员工人文关怀。通过创造有特色的人文关怀企业文化，减少人员的流动，增强工作的活力，形成良好的氛围。

第二，加强对人员的管理，提高其业务素质。提供不同类型的培训机会，形成良好的培训体系，提高员工的业务能力。另外，重视员工的发展，设定系统的职业发展体系，提高员工的积极性和工作热情，有效降低财务风险。

7. 制定有效合理的财务工作规范，对业务流程进行全面控制

从基层业务部门到基层财务再到共享服务中心三个层次规范核算标准和方法，界定好权责关系，使业务标准明确化，责任明细化，有效防范流程管理中存在的潜在风险，保证共享模式的有效实施。

8. 完善员工的绩效考核制度，保证企业绩效考核的落实

第一，建立健全由上而下的绩效考核制度体系，增强管理人员的管理意识、下级员工的积极性以及重视业务能力提升的意识。建立绩效考核评价体系，将评价结果与绩效待遇相联系通过财务共享服务中心系统内部的业务量统计、公司内部在线或电话咨询、问卷调查、建立服务微信群等方式统计收集数据，对共享服务中心员工从工作质量、工作效率、业务量和服务质量四个维度进行评价。例如：从初审或稽核差错率、资金支付差错率、票据扫描差错率等方面进行工作质量评价；从单据处理时长、支付处理耗时和及时率、扫描时效等方面进行工作效率评价；从人均日处理量、支付结算数量、扫描页数、档案归档数量等进行业务量评价；从投诉次数、表扬次数、员工满意度调查等方面进行服务质量评价，并将评价结果与绩效考核相联系，提升员工的工作积极性。

对岗位进行层级划分与优化，设立基层管理岗位，包括稽核专员、稽核主管、资深专家等；设立运营管理岗位，包括运营专员、运营主管、资

深专家等，打通晋升通道，激发员工工作热情。

第二，在共享服务中心与各级公司基层单位之间建立一种动态的反馈机制，可与绩效考核一起实施，以反映员工的核算工作成果，以便加强规范性，创造企业价值。

9. 业务培训与岗位轮换相结合，打通员工发展通道

通过建立长效的员工培训计划、编制详细的工作手册和操作手册、鼓励员工参与培训资料的编写、定期进行工作经验交流等方式，提高员工业务能力。结合岗位轮换制度帮助员工通过共享服务中心内部岗位轮换，积累多岗位经验，待工作经验及管理经验丰富后，除共享服务中心内部发展通道之外，可向财务管理中心发展，帮助财务人员提高业务能力的精度、深度和广度，为战略财务、业务财务储备人才。

10. 甄别选拔，定向发展，提升岗位契合度

合理利用财务人员，根据其个性特点定向培养，帮助财务人员向资深运营专家、财务管理数据分析专家、跨界融合管理者发展。

11. 加强培训、通过内部网络平台提供转岗信息和机会留住人才

首先，集团企业财务部门可以组织建构培训平台，结合必修课与选修课，财务人员通过远程视频培训或内部网络培训课程等窗口，接受必要培训或进修学习新知识，规避操作风险；结合本土文化和当地法律法规政策制订培训计划和内容，定期组织，及时更新知识。

其次，在企业内部提供学习平台，针对普遍性政策和新知识新法规制订必修课培训计划，并纳入绩效考核范围。

最后，鼓励财务人员做好职业发展规划，设定人才发展目标并按年度分解目标，年度终了进行回顾，评价目标实现情况。集团企业应建立绩效考核体系，年初对全体财务工作人员制定业绩目标，年底考核目标完成结果；制定绩效考核机制，及时发现员工的不足之处，对其开展有针对性的培训，提高员工的工作业绩。为提高财务共享服务中心员工价值感和职业

效能感，需要关注员工的个人发展，搭建内部信息平台提供空缺岗位信息或定期推送人才与发展简报邮件，财务共享服务中心人员可以根据需求准备和提升自身素养，以便竞聘内部其他工作职位。为员工提供发展空间，让员工有机会成为专业人才、业务人才或管理人才，以降低员工离职率，并为企业管理工作提供后备人才支持。通过组织集团企业内部培训和人才发展计划提升财务人员综合素质、竞争意识和服务质量，强化财务共享服务中心内部控制的重要性，提高风险控制意识，进行会计监督控制。

12. 智能财务共享服务数字员工

智能财务共享服务中心常设的岗位有核算初审岗、核算复审岗、核算稽核岗、资金结算岗、税务服务岗、总账报表岗、运营管理岗、档案管理岗、数据服务、智能运维等，结合数字员工特长，现阶段智能财务共享服务中心通常会设计如下数字员工岗位：

核算审核机器人：用 OCR 文字识别原始附件，依据识别结果对核算单进行比对，核对无误，自动设置审核通过；审核有误，生成审核报告发送给人类员工。

月结机器人：设置待结账单位月结检查清单，由机器人按待结账单位月结检查清单自动完成检查，自动完成结账，结账过程中的问题自动生成结账报告，并发送给相关人类员工，人类员工只需要处理问题事项或例外事项。

发票验伪机器人：人类员工完成纸质发票拍照工作后，将其存放在固定的文件夹中，数字员工定时读取识别该文件夹中的发票图片。将识别结果与国家税务总局底账库进行发票验伪，验伪通过后，生成发票管理的收票数据：对于验伪不通过的发票，不会生成收票数据，并自动反馈给人类员工。

纳税申报机器人：自动生成纳税申报表，完成校验后，自动登录税务局系统完成纳税申报表的上传、确认等。

三单匹配机器人：对收取的增值税发票进行OCR文字识别，完成与采购订单、入库单的匹配工作，匹配通过自动生成应收单，匹配不通过则发送邮件给人类员工处理。

预算报表填报机器人：登录各业务预算系统，或导入预算Excel表格，将需要进行预算控制的数据自动导入共享服务报账系统，自动捕获异常信息并生成报告发送给人类员工。

内部交易对账机器人：设置内部交易对账清单，包括对账单位以及对账条件，由机器人按自动对账清单自动执行对账，将对账执行情况自动生成内部交易对账结果报告发送给人类员工。

应收核销机器人：根据配置的应收自动核销模板，包括财务组织、核销方案、单据开始日期、单据结束日期等条件，自动完成应收管理相关单据的核销操作，执行完成后自动生成结果报告发送给人类员工。

应付核销机器人：根据配置的应付自动核销模板，包括财务组织、核销方案、单据开始日期、单据结束日期等条件，自动完成应付管理相关单据的核销操作，执行完成后自动生成结果报告发送给人类员工。

银行账户对账机器人：对于直联账户，采用自动对账机器人内嵌系统，根据设置对账的组织、银行账户等条件，完成自动对账，执行完毕后自动生成结果报告；对于非直联账户，采用外挂的RPA对账机器人，登录网银下载银行回单，导入系统完成自动对账，执行完毕后自动生成结果报告。

到账通知发布机器人：通过自定义发布条件，自动查询出到账通知后自动发布，执行完成后自动生成结果报告。

到账通知认领机器人：通过自定义认领条件，自动查询出到账通知后自动认领，执行完成后自动生成结果报告。

报表填报机器人：将各财务系统生成的财务报表，自动上传至指定报表系统中并完成校验，校验完成后自动生成填报报告。

客服机器人：呼叫中心设置客服机器人，接听客户咨询与投诉，查询类的由客服机器人自动完成，投诉解释类的由人类员工负责。

（七）债务管理

指导文件：A 集团公司分供合同结算管理办法、A 集团公司物资管理标准等。

预警指标：超过一年且余额超过 1000 万元，进行提示。

评价与控制：规范劳务工资发放审核，依法代扣税金，准确进行会计核算，确保劳务工资管理合规。

（八）债权管理

指导文件：集团公司清收清欠管理办法等。

预警指标：①支付四类保证金以外的保证金；②投标保证金到期一周前；③其他保证金到期一周前；④无合同或者无交易实质支付预付款和保证金；⑤应收款项大于 500 万元挂账超过 6 个月；⑥大额资金支付，未按照合同条款办理。

评价与控制：严格招标资格审查，强化事后审核核查力度，严禁与资格不足单位进行合作。严肃招标组织方式，严格执行招标法规，强化合同签订审查，杜绝应招标未招标现象。

事前控制：收集客户信息档案资料，对客户信用资料进行分析，确定评价信用标准；评价客户资信程度，在确定客户信用等级和对客户进行信用评价的基础上，为每一个客户建立一个信用档案，详细记录其有关资料。企业通常应事先决定档案的有关内容，以便信用控制人员的资料收集是完整的而不是随机的。客户档案的主要内容一般包括：客户与企业有关的往来情况以及客户的付款记录；客户的基本情况，如客户所有的银行往来账户、客户的所有不动产资料以及不动产抵押状况，客户所有的动产资料、客户的其他投资、转投资等资料；客户的资信情况，如反映客户偿债能力、获利能力及营运能力的主要财务指标，反映客户即期及延期付款情况，客户的实际经营情况及发展趋势信息等。

事中控制：要保证赊销决策的正确、合理，还有赖于决策审批机制的制约，为了确保应收账款按期收回，建立了应收账款风险的监督、预警机制，对应收账款进行监督、检查。监督、检查的内容包括：建立应收账款的核对制度，对各项应收账款，企业每年均应同客户核对，以保证应收账款的真实、正确；坚持应收账款定期审计，对企业应收账款从发生到核算、管理、催收及回笼等加强内部控制，及时发现和纠正弊端，防范因管理不严而出现的挪用、贪污、资金体外循环等问题，以降低风险、避免呆、死账；加强应收账款账龄分析，根据客户欠款时间的长短编制账龄分析表，按账龄分类、估计潜在的风险损失，正确计量应收账款价值，强化应收账款清收制度。

事后控制：企业应对不同拖欠时间的账款以及不同信用品质的客户，分别采取信函通知、电话催收、派员面谈、法律行动等不同的收账措施，对业务人员明确谁赊销、谁收回的欠款清收责任制，使每笔欠款落实到人，并制定欠款清收考核办法和考核指标，规定具体的奖惩办法，以激励营销人员积极推销产品，及时回笼货款[60]。

应收账款的风险制度的设计可以从以下四方面展开：

1. 从合理制定应收账款信用标准入手进行风险预警制度设计

合理制定应收账款信用标准是设计应收账款回收风险预警制度所必须重视的一项任务，合理的应收账款信用标准将为企业控制应收账款回收风险提供极大帮助。关于合理制定应收账款信用标准，主要有以下两点需要了解：第一点，应收账款信用标准过于严苛，企业虽然能较好识别出应收账款回收风险，有效降低坏账现象，但从长远来看这种做法很可能会抑制销售令企业错过发展机遇；第二点，应收账款信用标准过于宽松，可能会令企业的应收账款回收风险增大，但宽松的标准有利于企业销售扩张。综上，企业在制定应收账款信用标准时必须掌握好严苛和宽松程度。

2. 从科学制定应收账款日常清理制度入手进行风险预警制度设计

制定应收账款日常清理制度有利于企业应收账款管理水平提升，可帮助企业在一定程度上实现应收账款回收风险控制。关于制定应收账款日常清理制度，主要有以下两点：第一点，负责应收账款管理的人员要根据企业规定对企业应收账款的情况进行定期清查、整理与记录，并编制出清晰、准确的应收账款账龄分析表；第二点，对应收账款回收情况进行严格把控，对应收账款回收困难、未按时回收等情况进行审查分析，探析导致这些情况出现的原因，并将这些情况及原因完整、准确传递至相关负责人，然后再根据这些情况及原因开展具有针对性处理，例如打入坏账、催收、分期偿还、延期偿还等等。另外，针对恶意欠款企业可采取法律手段维护自身利益。

3. 从严谨进行客户信用风险评级入手进行风险预警制度设计

严谨进行客户信用风险评级有利于企业应收账款管理水平提升，在通过客户信用风险评级进行风险预警制度设计时，可从以下两点入手：第一点，从客户过往交易历史入手，在充分参考客户过往履约情况的基础上进行客户信用风险评级，若客户过往履约情况较差，则说明该客户信用较差，对应的账款回收风险较大；第二点，从客户能力入手，在充分了解客户能力的基础上进行客户信用评价风险，若客户支付能力、偿还贷款能力较差，则说明与该客户交易时伴随较高风险，即应收账款回收风险较大。在从上述两方面对客户情况进行充分了解后，企业可将客户进行划分和归类，即将客户划分为高危、中危或低危客户。

4. 从结合风险评级以及欠款情况入手进行风险预警制度设计

在设计应收账款回收风险预警机制时，企业要充分结合风险评级以及欠款情况，即在设计风险预警机制时企业要考虑客户的信用风险，还要考虑欠款类别，然后在充分考虑这两项内容的基础上结合逾期时间对风险进行预警级别划分。

风险预警后期，企业可结合预警级别进行风险应对。在对企业应收账款回收风险进行应对时，企业可充分参考根据对风险进行分级的结果，然后采取针对性措施。具体如下：（1）针对一级预警，企业可制订应收账款回收计划，通过责任落实到具体部门及人员不断推动计划落实，并定期对应收账款回收情况进行整理记录与上报；（2）针对二级预警，企业可在制订应收账款回收计划的基础上，再督促相关人等对账款回收情况进行详细分析，并针对分析结果制定具体回收方案，同时对具体情况进行整理记录与上报；（3）针对三级预警，组建专门的清欠组织，通过清欠组织的介入加强企业对应收账款的回收，必要时企业可采取法律手段维护自身权益[61]。

（九）会计核算

指导文件：A集团公司会计核算体系管理标准、备用金管理制度和通知、A集团公司研发费用规范操作指南、关于加强财经基础业务的通知等。

预警指标：①备用金到期前一周（3个月到期）；②挂账6个月以上的预付设备款；③挂账一年以上的应收款项；④有研发立项而未归集研发支出的项目；⑤年末关账时，系统自动检测损益科目未结转的项目。

评价与控制：加强预算管控，完善附件支撑，严格执行规章制度，确保费用报销合理合规。细化相关规定，规范备用金使用，实施系统管控和预警，确保备用金管理合法合规。规范研发项目立项审批，按规定归集核算，进一步明确附件要求，提高研发费用核算管理水平。

在施工企业的会计核算中，存在着以下多种核算风险：建造合同收入确认、收款风险、发票管理、工资薪金风险、存货原材料采购及付款风险、固定资产风险、资金预算风险。在了解了这些风险类型上，建立完善有效的风险预警机制。第一，建立财务风险预警体系。风险预警系统的依据是事先已经制定的风险指标，当一些财务指标超过风险指标时，对该会计信息发出警告。建立财务风险预警体系最重要的是根据施工企业的工程特点选择高敏感性的重点预警指标，以便全面、真实地反映施工企业所面临的财务风险的状况；第二，增强财务人员风险意识，优化企业的资源配置。企业管理者特别是财务管理者要增强财务风险意识。风险与收益表现出的是辩证对等的关系：风险越大收益应越大。因此完全避免风险、获得无风险的收益只是一种理想中的状态。随着经济全球化的不断深入，企业形式和经营策略不断趋于多元化。施工企业财务人员将会面临更加多种多样的财务风险。因此不断提高财务工作人员的素质，彻底贯彻新会计准则是建立企业财务风险预警体系的基础和保证；第三，完善企业各环节会计核算，抵御外部财务冲击。由于施工企业其生产的单件性、工程的长期性和生产环境及施工人员的多变性常常会给施工企业的财务核算带来困难，准确核算施工工程各个环节的会计项目是企业抵御外部风险冲击的重要保证[62]。

财务共享服务中心正式运行后，通过制定下发业务指导书，细化共享服务中心审核要点，并植入审计整改要求，为单据审核提供理论依据；严格执行国家政策法规和企业各项规章制度，将基础核算全面纳入审核范围，特别是对达到固定资产投入标准而直接计入费用的业务予以驳回，有效防范了国有资产流失风险；通过启动税务模块，实现增值税发票线上自动匹配，其他类型发票提供发票真伪查验单，保证了发票入账的真实性；通过按时关账制度，定时关闭月度会计期间，倒逼基层单位按时处理业务，及时归集成本。通过共享服务中心统一化、标准化审核，规范了基础核算，大大提升了会计信息质量，有效控制了基础核算风险。

会计核算系统的智能化体现在从业务到管理再到核算的整个过程中，其是以数据驱动的自动会计核算，不需要进行人工干预，就可以生成会计核算所需要的数据，改变了传统的手工录入会计凭证或者人工干预处理财务核算的各个环节来完成核算的模式。它也改变了传统的会计核算系统只生成具有会计信息但缺少业务信息的凭证的模式，可以生成具有多目的、多业务维度的完整的会计核算数据。

智能化的会计核算具体可以分为数字化、自动化、智能化三个层次。

1. 会计核算的数字化

企业数字化设备及移动设备普遍应用，可以自动获得更准确、更细度、更及时的业务数据。比如，扫码识别、自动磅秤称重、自动仪器仪表计量、流量统计、设备使用及维修、质量检测等活动形成的各种数据。互联网、移动互联网的使用，可以将分散在各个装置或者系统上的业务数据实时传送到集中数据平台上，实现业务数据的集中化，并可基于集中数据平台上的基础数据还原成完整的业务数据，这样就为进行会计核算提供了基础的数字化保证。基础数据数字化后，为了实现会计核算的自动化处理，需要把有关核算处理规则预置到系统中，包括会计引擎使用的业务核算规则，以及进行计算所使用的有关基础数据，如根据生产报工计算作业消耗所需要的定额，根据领用的材料计算消耗的材料定额等。

（1）数据分类

基础数据。基础数据包括基本档案数据、业财数据、处理规则数据、专家库数据等。基本档案数据包括组织、客户、供应商、产品、区域、渠道、网点、会计科目等；业财数据包括业务处理和核算处理涉及的有关数据，如市场价格、定额、标准、税率、汇率等数据，企业的采购政策、销售政策、核算政策有关的数据；处理规则数据是对核算进行规范的数据，如会计核算规则数据按照业务事项进行描述；专家库数据是指企业进行智能化核算所积累的专家经验方面的数据。下面列举一些具体的基础数据的例子进行说明。

企业销售业务的基础数据。销售业务中使用的有关基础数据会在系统中被定义和建模，并将相关的数据保存到系统中，作为各业务线使用的公共数据。销售业务涉及的基础数据包括：销售组织、产品、客户、渠道、销售区域、收付款协议规则、税率、运费报价、销售佣金政策、销售返利政策、产品标准成本等数据。

企业采购业务的基础数据。采购业务相关的基础数据包括：采购组织、物料供应商、收付款协议规则、税率、运费报价、原材料价格管理、质检标准等数据。

企业内部交易结算的基础数据。内部交易结算相关的基础数据包括：内部转移的产品和服务的清单、内部转移定价规则、内部结算价格表等数据。

企业费用管理的基础数据。费用管理是企业的一项重要管理内容，一般采取固定费用控制方式，即根据不同的业务制定不同标准；根据不同等级的人员和业务性质制定相关的定额标准，如通信费标准、交通费标准、差旅费住宿标准、交通补助标准等。

上述数据可以通过各种方式进行采集，并将数据存储到系统中。有些数据需要企业定期进行调整和维护，但是可以参照行业的有关国家标准；有些数据可以基于企业自身实践进行优化，如消耗定额。对于政策性数据，可以定期根据政策的变化进行调整，如佣金比例、费率等。

交易数据。业务事项数据是对各业务进行相关处理而采集的数据，其按照事项记录的格式进行描述，如企业日常经营的供产销、人财物的各项业务处理的数据，企业的投融资业务处理的数据等。交易类数据大多通过前端业务系统中进行的相关业务处理环节的数据采集手段形成业务处理数据。

交易数据与基础数据的关系。交易数据的描述和处理会涉及相关业务中的基础数据，通过组织、客户、供应商、产品、渠道等数据来描述业务的属性；通过业财数据如价格、定额、标准等来表示有关业务的收入和成本等；并且利用核算处理规则生成会计核算处理的信息，如相关的科目、币种、金额等。

（2）数据采集

供应商社会信息的采集。针对与企业有交易关系的供应商，需要对其进行资质、信用评级的调查，相关数据可以从有关机构的对外服务数据接口进行采集，或者利用爬虫技术从相关网站上爬取。

利率及汇率的采集。首先制定企业的利率或者汇率执行方案，然后从提供有关信息的官方网站上获取数据，并将数据存储到系统内相关的数据库中。

大宗采购商品市场价格的采集。对于生产使用的大宗原料或商品，企业需要实时掌握其市场价格，很多价格数据可以从国际交易类的网站或者国内相关主题的交易网站上获取，通过有关数据接口自动采集到系统中。

业务票据的信息采集。对于一些业务收取的纸质票据，可以通过 OCR（光学字符识别）识别出票据上结构化的业务信息，并自动存储到系统中对应的业务对象数据记录中，作为进一步核算处理的业务事项数据。

从上下游企业的业务系统中采集企业相关交易需要的数据。比如销售业务，从下游的货场企业系统的 MI（供应商管理的库存）功能中采集到有关寄存商品销售的数据，生成企业的销售数据；采购业务，从上游的供应商系统中获取有关采购商品或者物资的交易信息，自动在本企业系统中生成相关采购信息；通过与银行的银企直联接口自动获取银行对账单，根据对账单信息进行有关后续收款与核销的处理等。

2. 会计核算的自动化

会计核算处理的自动化，主要体现在业务交易数据进行实时自动化的会计核算，以及期末处理的自动化。

业务数据的处理是指通过调用会计引擎对业务事项按照配置的规则进行加工处理，生成对应的会计核算分录，会计核算分录上记录着业务数据和核算数据。相关业务事项会根据业务的性质和会计核算的相关内容进行核算处理，比如对于销售发票的业务事项，可以自动进行应收、收入和销项税的核算；对于销售收款的业务事项，可以自动进行应收账款和现金银行收款的核算。

月末会涉及很多处理事项，如关账、结账、分摊、结转损益等，尤其涉及很多会计主体时，需要处理的事情就更加复杂，此时，可以借助RPA机器人（机器人流程自动化）来定义有关事项处理的内容，并在月末时自动执行。

在业务处理完成时，系统会按照具体的业务事项，自动执行账务处理，并自动生成相应的会计凭证。这样，日常业务处理的有关业务活动的核算都可以及时进行，基本上不需要人工干预。

业务事项自动核算是靠会计平台实现的。在会计平台上按照各种业务事项预置了对应的财务处理规则，以及所对应的会计科目、核算维度等信息。在业务处理被确认后，业务事项的数据传送到会计平台，会计平台会按照预置的财务处理规则将其转换为会计凭证。有关事项处理的过程自动完成，不需要人工干预。在会计平台上进行转换时会根据不同的核算目的生成不同的核算数据，核算数据中包含了业务事项的业务信息。

例如，员工在费用管理模块中填写了一张报销单据，审批通过后，系统会自动核算生成会计凭证。在系统内部该报销单据会传至会计平台，根据该报销单据的内容所对应的会计平台处理的业务事项核算规则，生成会计凭证。如果在系统中建立了财务会计核算系统和管理会计核算系统，则生成的会计凭证会包括财务目的的会计凭证和管理目的的会计凭证。下面利用具体的例子来展示会计核算的自动化过程。

（1）会计核算自动化应用类型

业务流程自动协同处理。可以通过自动检查相关条件是否满足，自动执行相关流程，提升会计核算效率。比如应付账款到期自动支付，对于那些有众多供应商、众多交易通过人工付款的企业，可以采取自动付款的模式，对到期需要支付的款项，在满足付款期、到货、质检等条件下，进行自动付款，这样可以避免人为因素造成漏付或者不满足付款条件就付款的现象，大大提高业务处理的效率，也可以防范支付环节的风险。

内外部业务流程自动协同处理。系统支持跨企业的自动化协同业务处理，比如供应链的协同，商务旅行有关业务与携程等企业的订酒店、订票业务协同，与滴滴打车业务的协同等。有关数据可以直接在云端实时传输，快速对业务及数据进行处理，代替了原来的手工处理方式，使得企业在线上实现与客户和供应商的业务协同。支持与商家交易流程的线上化，扩展了企业的业务系统和财务系统集成处理的边界。

同样，系统支持企业与外部的银行、税务等专用系统的集成，企业原来需要线下执行的很多业务都可以在线上自动完成。比如资金的收支，使用银企直联与银行直接对接，使用金税系统与税务系统对接等。这样就把企业原来线上的业务与线下的业务统一实现了线上处理，既保证了业务的正确性和实时性，也大大提高了业务处理的效率。

（2）业务事项的核算。企业经营的各类业务事项数据都可以传送到会计平台，经过会计平台上的会计引擎加工形成业务事项明细数据库。会计平台会根据交易事项的相关业务信息，调用会计引擎对该业务事项进行会计核算处理，通过执行对应的核算规则，驱动进行相关会计科目的转换，相关核算币种和核算金额的计算，相关成本、税金的计算等。相关的核算数据与业务数据一起构成多维会计事项库的事项分录，相关的业务数据根据核算的不同目的形成不同的核算明细数据。形成的核算数据可以反映业务的最细粒度及对应核算的会计描述，可以为后续的会计核算处理进行进一步的加工和汇总，也可以为以后的数据分析提供原子级的数据，方便业务分类统计分析。

3. 会计核算的智能化

会计核算的智能化，包括对业务核算过程中发现的有关风险进行识别，对有关业务的合法性进行控制，对管理控制点进行监控等。比如，对纸质发票的识别和验伪，对不符合企业支出要求的有关费用支出的检查，对部门费用支出进行控和预警等。

对会计核算业务信息的智能化采集、识别和验伪的处理，需要结合制度和知识库进行检查，确定是否有不符合制度要求的数据，是否有存在风险的交易数等。比如，自动识别发票的信息并检验发票的真伪；针对某些不符合制度要求费用支出进行智能化检查，查看是否有符合某些特征的发票内容信息；对采购行为数据进行审查；对控制大额采购的制度采取拆分多次付款躲避审查的情况进行检查等。

4. 智能核算系统的未来发展

随着各种新技术方法和工具的引入，会计处理的自动化、智能化程度会不断提高，尤其是在会计数据的应用上会不断加强，数据的深度应用将会对企业的经营与发展产生巨大的价值。企业对数据的依赖性越来越强，数据会成为企业一个重要的生产要素。未来的数字经济时代，数据将成为独立的资产，具有独立的价值，社会上很多专业的主题数据会成为市场上的交易对象。数字化的发展会对企业的会计业务处理带来巨大影响，会计是数据处理的域，未来的技术应用将会为会计处理的自动化、智能化带来更大的提升。

（1）全面的线上处理，自动识别风险数据采集方式的增强，使得很多业务直接可以在线上进行处理，甚至不需要人工干涉就直接完成会计核算。企业的工作依赖于对数据不断地加工和处理，很多由人判断的事务将由机器根据配置到系统中的规则来执行，甚至通过机器学习，系统可以自动发现业务中存在的问题，自动进行风险控制。

（2）数据资产的建立及价值交换

大数据的存储和读取能力会有大幅提升，企业对于经营数据采集的细度和广度将会有更大的增加，企业对数据运用所需要的数据服务能力将会有更多的需求。企业需要根据自身的特点积累形成自己的数据资产，行业层面的数据资产准则将会被制定，行业化的数据资产模型将会成为指导企业建立经营体系和管控模式等的重要依据。未来有关财务的政策法规、行业的专业知识等都可以纳入数据资产的管理范围，建立起专家系统，指导企业的经营和决策活动。因此，数据资产将会独立于企业的日常经营数据，成为具有独立价值的数据，资产化的数据将会成为一类交易对象。

（3）智能化分析帮助数据产生更多价值

数据处理能力的提高和深度学习能力的深入应用，将为数据服务的智能化提供更大的空间。会计的数据服务功能不断增强，将使得会计组织的服务能力大增，快速为企业的各种信息使用者提供专用的数据报表。另外，在数据服务的智能化方面，可以通过深度学习对数据进行分析，形成对市场的洞察，辅助和指导企业的经营决策，还可以通过洞察的结果来引导和控制前线的业务活动，使企业的经营形成自动化、智能化的管控循环。

（十）税务管理等

共享服务中心在单据审核中注重对附件的审核，对应取得发票而没有取得发票的业务、应开具增值税专用而开具普通发票的业务单据进行驳回；并对发票的合规性进行全面审核，把握发票入账规则，把好审核关，发现不合规发票一律退回，确保专票进项足额取得并能及时抵扣，降低了涉税基础工作风险；同时，在审核计提工资、发放业务时，重点审核超过扣缴标准的个人是否按规定代扣代缴个人所得税，有效防范了个人所得税扣缴不规范风险。

指导文件：增值税制度、发票管理办法等。

评价与控制：加强增值税票据管理和存放、强化票据报销时间。

1. 智能税金管理

智能税金管理需要支持平台化承载企业的全部税种、全部主体、全部涉税业务、全部处理流程，并且业务规则需要灵活配置以满足财税政策和征管体系的需求。税金管理系统通过税基管理、税额计算、税金计提、纳税申报四个环节实现每个税种的数据源提取、计算规则配置、涉税凭证生成和税金支付等的全生命周期管理。由于增值税、企业所得税是企业的两大主要税种，其税制相对比较复杂，例如集团企业可能涉及预交、汇总纳税等，需要在税金管理系统中做专题管理。企业通过人工智能等技术可以使算税更加智能化，实现税务申报的自动化。一般来说，智能税金管理需要具有以下三个特点。一是系统主动工作。税务管理变被动工作为主动工作，在税务管理过程中自动进行数据抽取、税金计算、申报表生成并自动提交业务人员确认。二是报表主动推送。对内管理报表及对外披露报表定期自动产生，并主动推送给相关人员。三是规则因需而变。快速适应管理变化需求，通过规则引擎管理政策法规、业务规则，计算规则。当这些法规和规则发生变化时，可以通过规则引擎进行规则变更，实现快速响应企业管理决策需求的目标[63]。

2. 智能发票收取管理

运用最新的人工智能技术，将人工处理专票认证、普票查验的相关环节，变成系统自动处理，既可以减少人工出错造成的失误，又可以大幅提高工作效率，从而降低企业的涉票管理成本。专票认证由传统的扫描认证、网站勾选变成系统自动认证、系统自动对普票进行查验，解决目前重复报销及假票报账情况较严重的问题。系统可以在企业内部查重，专、普票混合检查，提升企业的增值税专用发票的获票率，从而降低企业的增值税税负。同时，智能收取的发票通过统一的平台管理，建立企业内部发票池，实现发票管理信息流与纸质流的合流，形成发票电子档案管理，便于发票的查询、统计和分析。

3. 智能税务风险管控

税务共享服务中心构建税务风险防控治理体系，引入红黄绿灯机制，确保业务合规，随时直观地监控企业税务风险的现状；建立税务风险的预警机制，业务定向探头“随需而变”，实现智能发现问题；与税务稽查系统同步，根据风控指标规避税务风险；通过闭环处理，快速自查和调阅凭证，追踪原因，处理涉税争议；利用税务监控、监察、预警、执行跟踪的风险管控网，建立税务风险全景，全面观察全集团各类税务风险。

4. 智能电子发票管理

智能电子发票管理系统支撑企业内部所有税务，极简的开具功能支持用户在支付时自助一键开具，并针对电子需要开具电子发票业发票特点，系统提供了方便的二次推送服务功能，以便用户丢失发票或需要再次提供发票时方便快捷地拿到发票。对于企业获取的电子发票，通过报账系统关联发票信息及发票池进行管理，以规避重复报账的风险。

5. 智能纸质发票交付管理

智能纸质发票交付管理是指智能化的纸质发票的开具及交付管理，主要是对销项发票的全生命周期的管理，包括空白发票的申领、入库、分配、开具、打印、交付、退回、盘点等全过程。纸质发票交付管理与前端收入系统对接，根据交易信息生成开票信息，即使没有对接前端业务系统的手工开票也需要通过税务共享服务中心的平台进行操作，从源头杜绝虚开发票的行为发生，并且保证企业能够通过税务共享服务中心管齐所有的开票信息。通过灵活的配置，企业根据情况支持发票单点打印和打印中心批量打印，并与物流系统相对接，发票交付管理可跟踪发票的寄送和交付状态。在智能纸质发票交付管理系统里内置了开票软件的大部分功能，当开票软件需要升级或者开票政策调整时，系统只需一点“修改”就可以满足要求，在确保发票正确开具的情况下，系统将自动生成销项税，为增值税税金的自动计算和灵活分析提供数据支撑。

6. 纳税申报自动化

纳税申报自动化是税务共享的中级阶段，目前大多数企业的税务共享都处于这个阶段。在这一阶段，企业首先需要整合税务管理职能，分离分、子公司的税务管理职责和基础税务操作职能，形成以总部税务管理部门为涉税管理业务服务平台、以子公司财务部门为业务支持平台、以税务共享服务中心为基础涉税业务处理平台的多层次、网络化的税务管理组织模式。

其次，通过建设税务信息化平台，实现税基管理、税金计提纳税申请、纳税申报、税务统计等涉税业务管理；税务信息化平台与前端系统紧密对接，自动获取纳税数据源；将申报流程、缴税信息处理规则内嵌于税务信息化平台，在业务开展过程中将业务信息和会计信息转化为税务信息，实时自动出具纳税申报表，动态掌握企业需纳税情况，而内嵌的填报逻辑让申报纳税更加规范化。通过记录涉税数据，实现纳税申报数据的事后追溯。

由于企业涉税业务涉及不同税基、不同组织、不同税务数据来源，自动化难度较大，企业在实现纳税申报自动化的过程中需要关注以下三点关键要素。

第一，多渠道税务数据源。企业涉税数据（如基础数据、认证数据、发票数据、海关数据、资金数据、业务数据等）来自多种渠道：前端业务系统、核算系统、其他系统、手工录入。企业需要根据自身信息化应用状况及实际业务情况，充分整合各类系统并实时获取税务数据，以为税务数据的自动加工处理打好基础。

第二，规则、流程内嵌。通过将税务数据生成的相关规则内嵌于税务系统，各项税务数据能够自动生成，并通过自动流程流转，实现过程中的合规性控制，最终输出纳税申报报表及税务分析报表，从而实现事前、事中、事后的有效管控及分析。

第三，“最后一公里”的自动化。目前，因各地税务主管部门并未对企业开通税务申报系统的接口，所以即使是企业税务平台可以自动输出纳税申报表，也不能直接通过接口方式实现将报表自动传输到税务申报系统并实现自动缴纳，“最后一公里”还存在政策壁垒。当然，这个问题的解决一方面可以等待税务主管部门的相关政策，从而实现企业税务平台与税务申报系统的对接；另一方面也可以尝试跟企业所在地税务主管部门进行沟通，以获取支持，打通“最后一公里”。

7. 税务预警自动化

税务共享的高级阶段是税务预警自动化。企业通过税务管理信息化平台对税务政策进行集中统一管理，并通过在税务信息化平台中内嵌和固化涉税业务的规则、逻辑和模型，使平台根据实际涉税业务自动识别税务风险并预警，从而企业能够及时发现税务风险，保障涉税数据的准确性、完整性、有效性，减少因人为失误而导致的企业利益损失。税务预警自动化的关键在于企业将不同地区的税务政策结合，并通过税务信息化平台建立风险识别模型和预警模型。

实现企业税务共享，不仅可以实现企业的降本增效，同时，对税务主管部门来说，在税收征管过程中，其一方面可以通过企业税务管理信息化平台实现纳税申报信息的可追溯，对企业的涉税业务处理规范性、纳税申报的准确性有了更为直接和快速的掌握和了解，更能协助企业有效纠偏，从而提高税收征管质量和效率；另一方面，税务管理信息化平台的涉税数据都来源于企业前端各支撑系统，实现了业务信息与税款征收结果的匹配和勾稽，从而使得税务主管部门的税源管理从广度和深度上有了扩大的可能，有利于进一步促进纳税信用体系建设。

（十一）重大财务事项

1. 融资方面

指导文件：股份与集团投融资管理办法等。

预警指标：①新设公司注资，付款时附件或者签字不齐全；② BT（Build-Transfer，即建设－移交）项目成立时，未履行三重一大决策程序；③ BT 项目回购逾期未收回；④ BT 项目回购未落实，未严格执行《项目（BT）业务事项办理承诺表》；⑤产业基金《合作协议》中约定固定收益；⑥产业基金《合作协议》中有明确的到期年限；⑦项目公司收款时的银行进账单与项目现金流测算表不吻合；⑧产业基金成立时未经过三重一大决策程序，未严格执行《产业基金业务事项办理承诺表》；⑨产业基金投资项目公司的资金回收金额小于或回收时间晚于现金流测算表；⑩股权投资出资业务附件不齐全、公司章程不合法或者显失公平；⑪ 收到股权转让价款业务附件不齐全、公司章程不合法或者显失公平、未严格执行《股权转让业务事项办理承诺表》；⑫ 股权转让价款未按《股权转让合同》约定条款的到期日收回；⑬ 固定资产建设投资，付款时附件资料不全；⑭ 固定资产建设投资达到预算总额；⑮ 固定资产建设投资超过预算总额 10%；⑯ 资产评估机构未选择在股份公司公布的评估机构备选库；⑰ 评估报告未经股份公司备案，备案表法人单位签字不齐全；⑱ 财务顾问费、中介咨询费支付业务附件不齐全。

评价与控制：规范 BT 项目等投融资项目运作，严格履行报批程序，强化监管，积极规避投资风险。

2. 投资方面

（1）合理匹配投融资期限

将短期借款用于长期投资活动不仅会背负较大的偿债压力，也会造成持续性经营的困难。在投资活动准备阶段，要注意自身投资项目完成期限和募集资金偿还期限，计算期间所需花费的投资成本，切实做到融资与投资之间的期限相匹配。同时公司应当拓展融资渠道，以免因无法及时获取资金而不得不中断投资活动，造成前期支出石沉大海现象。在实践中可选取产融结合的方式，一方面，通过产融结合可以使得公司自身资本与金融资本密切融合，加快资本的循环以及资本的增长速度，吸引大量的社会资金，为公司投资活动储备实力；另一方面，金融机构的专业人才能够有助于公司优化投融资决策，进而降低相关风险。还可以以担保的方式开展长期融资，降低短期债务比例，间接规避“短贷长投”现象。

（2）优化投资方案

以项目的可行性为起点，通过一系列的调查研究，从市场、技术和资源条件等方面进行项目的财务评价、经济评价和社会评价，论证项目在技术上的合理性，经济上的节约性以及社会上的适应性。本着有利于发展公司和调整产业结构的目的，对拟投资项目的定位、规模等重大问题进行探讨和判断，期间注意投资项目的资本成本约束如机会成本、资金时间价值等，以准确的信息和全面的数据为公司的投资决策提供有力的依据，最终实现在资本有限的条件下选择最为合理的投资规模和最为经济有效的投资方案，不盲目扩张。同时，建立明确、完善的投资实施和处置等相关制度，监督投资执行期等过程，将制度控制与过程控制相结合，并以过程控制为重点，密切关注投资金额的阶段性支出。

（3）盘活资产

选取合理的资产结构关键点是要盘活资产。一方面需要控制流动资产对营运成本的占用。具体而言，应加强对应收账款的信用管理，在应收账款发生后，监督应收账款的回收情况，分析账龄结构，制定收账政策。同时，针对存货可以通过经济订货批量，找出最适宜的存货进货时间，汇总编制存货资金计划，借助 ABC 控制法、JIT（Just-In-Time）法等管理存货成本。另一方面需要充分利用长期资产。具体而言，可以开展租赁业务，对部分闲置资产物尽其用；可以采取承包方式以减少自身投入的资产；还可以采取对外投资寻找合作伙伴，由此达到降低投资支出，进而下降投资成本风险的目的。

三、建立风险预警模型

（一）预警通报的内容

预警通报，主要包括合同管理、资金管理、薪酬管理、收入成本、八项规定、内控管理、会计核算、债务风险、税务管理、重大财务事项（投融资、招投标、账外账、大额亏损）、财务风险等方面。

（二）预警通报的分类和方式

1. 按预警时间分为实时预警和定期预警

实时预警：在业务发生时向相关部门和领导预警。

定期预警：按一定期限（可分为按天预警、按月预警、按季预警、按年预警）向相关部门和领导预警。

2. 按问题等级分为黄、橙、红三级预警

黄色预警：出现一般性违规或风险的为黄色预警，一般情况预警给同级和工程公司（包括分公司和局指挥部）财务部、相关业务部门、总会计师或主管领导。

橙色预警：出现较为严重违规或风险的为橙色预警，一般情况预警给工程公司相关部门和领导，同时给集团公司财务部、相关业务部门、总会计师或主管领导。

红色预警：出现严重违规或重大风险的为红色预警，预警给集团公司、工程公司财务部、总会计师或主管领导，必要时报送股份公司财务部、经济管理部。

四、以集团管控为主体的系统风险预警模型

（一）财务共享服务中心建设前的风险事项仿真模型

1. 系统动力学风险事项仿真模型设计

通过上文分析，发现财务共享模式下的风险是一个复杂的系统，它受到多种因素的影响，且这些因素涉及多个层面。因而采用系统动力学对此系统进行研究，将更加清晰直观地找出系统内部的主要影响因素，并对各层面的风险事项及总体风险进行仿真。利用 Vensim 系统动力学软件构建因果回路图，结果如图 6-2 所示。

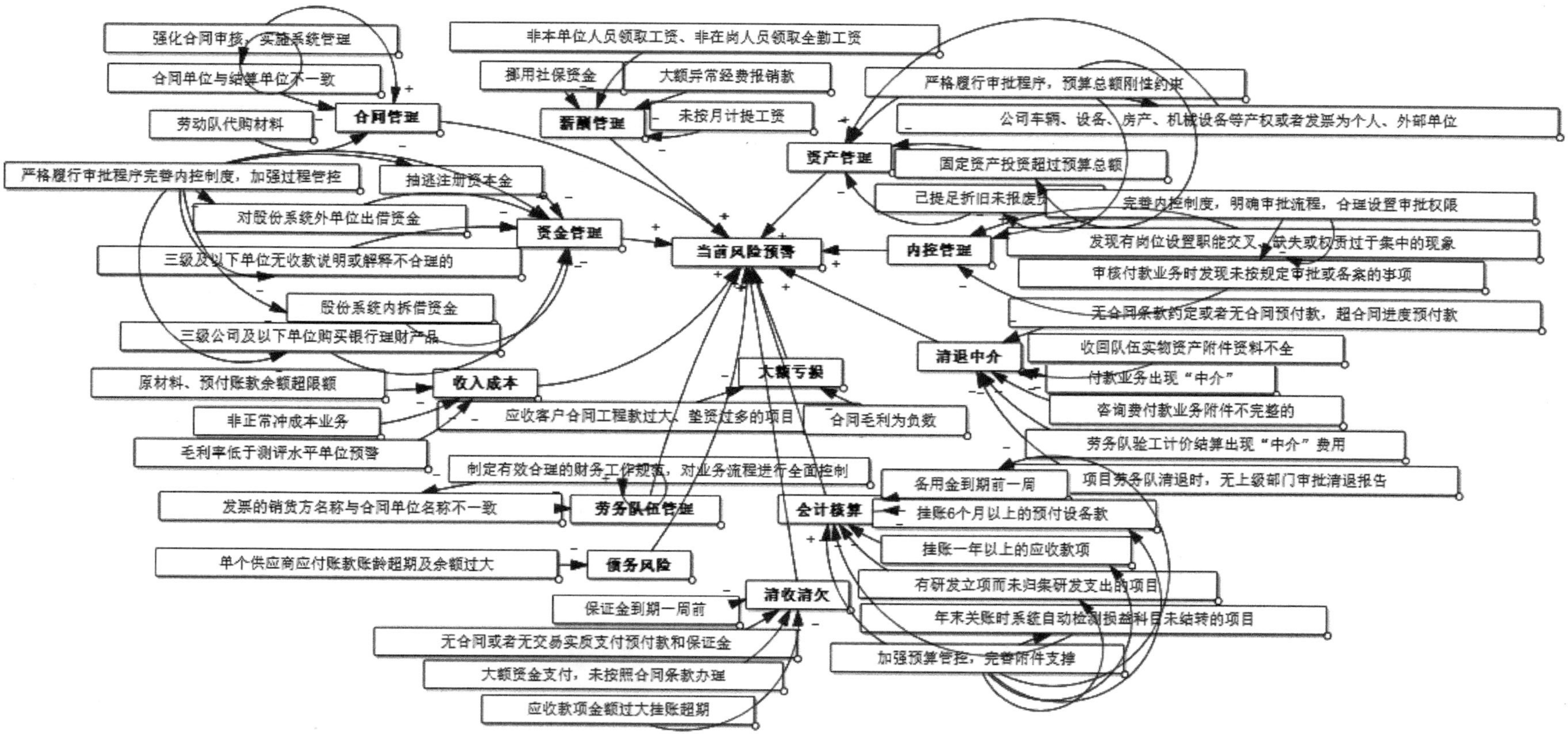

图 6-2　Vensim 系统动力学软件构建因果回路图

图 6–2 中呈现的财务共享服务中心建设前的风险事项包括，合同管理、资金管理、资产管理、收入成本、劳动队伍管理、债务风险、会计核算、内控管理、薪酬管理、大额亏损、清收清欠等，其中合同管理涉及的风险预警指标为合同单位与结算单位不一致、劳务队代购材料，二者与合同管理的关系均为负相关，因此，联结符号为“–”，合同管理的评价与控制方法为强化合同审核，实施系统管理，其与合同管理呈正相关关系，联结符号为“+”。资产管理涉及的风险预警指标包括公司车辆、设备、房产、机械设备等产权或者发票为个人、外部单位，固定资产投资超过预算总额，以及固定资产投资超过预算总额，三者与资产管理的关系均为负相关，联结符号为“–”，资产管理的评价与控制方法为严格履行审批程序，预算总额刚性约束，其与资产管理呈正相关关系，联结符号为“+”。内控管理涉及的风险预警指标包括发现有岗位设置职能交叉、缺失或权责过于集中的现象，审核付款业务时发现未按规定审批或备案的事项，联结符号为“–”，内控管理的评价与控制方法为完善内控制度、明确审批流程、合理设置审批权限，其与内控管理呈正相关关系，联结符号为“+”。

将系统动力学因果回路图中的各风险指标的水平变量初始值设为 0，在风险事项（如合同管理、资产管理等）的计算公式中，根据预警时间和预警级别增加指标倍数。按预警时间，实时预警为 4 倍、按天预警为 2 倍、按月预警为 1 倍、按季预警为 0.5 倍、按年预警为 0.25 倍。按预警级别，黄色预警为 1 倍，橙色预警为 2 倍，红色预警为 4 倍。

2. 系统动力学仿真结果

从仿真结果图 6–3 可以看出，财务共享服务中心建设前，如果没有评价和控制制度，风险事项发生的次数与不断增长，如果有执行到位的风险评价和控制制度，风险事项发生次数会稳中有降。例如没有加入评价和控制制度的债务风险、大额亏损、收入成本、清收清欠、薪酬管理等风险事项的发生次数不断增长。而加入评价与控制制度的风险事项，假设评价与控制制度执行到位时，风险事项发生次数会稳中有降，如会计核算、合同管理、内控管理、资产管理、资金管理、劳动队伍管理等。因此建立财务共享模式下的风险防控制度，实行预警通报是非常有必要的。

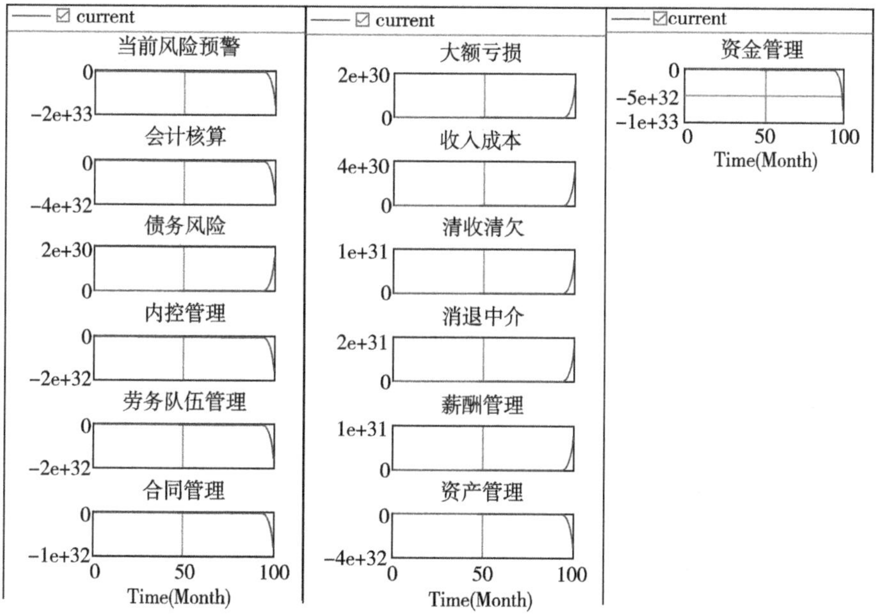

图 6-3　系统动力学仿真结果

（二）财务共享服务中心预警通报后的风险事项仿真模型

1. 传染病预警模型设计

传统 SEIR 传染病模型将人群划分为三类：

①易感者：即未得病，但缺乏免疫能力，与感染者或潜伏者接触后容易受到感染。

②感染者：已经表现出感染症状，且具有传染能力。

③恢复者：经治疗恢复健康或者自愈，且在一段时间内具有免疫能力。

借助传染病模式，把财务共享服务中心每天处理与预警条目相关事项分为三类：

④易感者：即未被预警通报，但涉及与预警条目相关的工作事项，有财务风险。

⑤感染者：已经发生的被预警通报的事项。

⑥恢复者：经预警通报处理，已经解决的事项，且在一段时间内能避免出现相同问题。

根据以上假设，得到图 6-4 财务共享服务中心预警通报后的传染病预警模型。

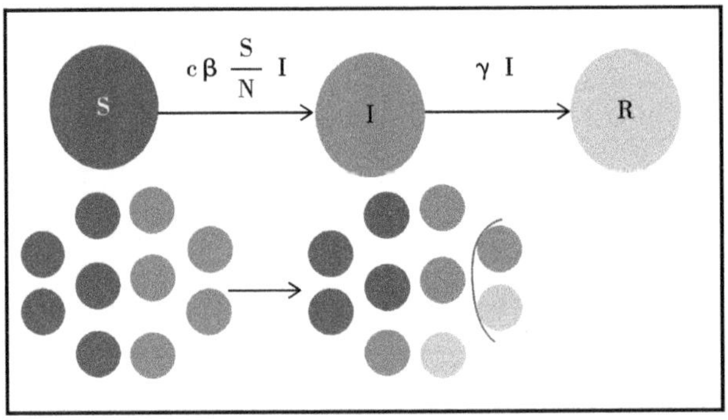

图 6-4　财务共享服务中心预警通报后的传染病预警模型

图 6-5 为利用 Vensim 软件设计的财务共享模式下传染病预警仿真模型。

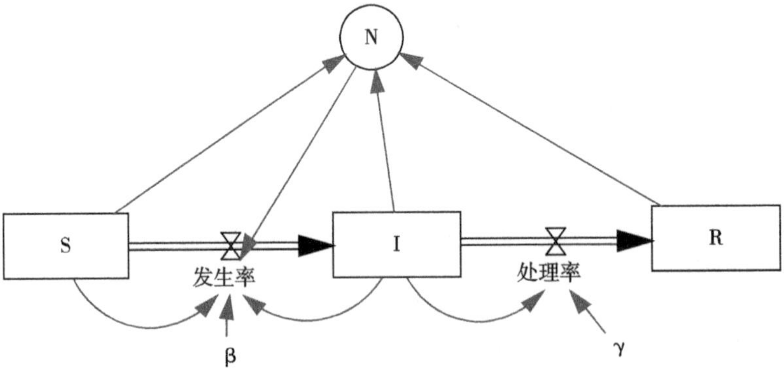

图 6-5　传染病预警仿真模型

$S(t)$：共享服务中心每天处理与预警条目相关事项次数（Suscetible）

$I(t)$：预警次数

$R(t)$：解除预警次数

$$N(t)=S(t)+I(t)+R(t)$$

β：预警事项发生的概率

γ：每天解除预警概率

其中，$S(t)$、$I(t)$和$R(t)$为水平变量，$N(t)$为辅助变量，发生率和处理率为速率变量。$S(t)$代表财务共享模式下，共享服务中心每天处理与预警条目相关事项次数，$I(t)$代表共享服务中心每天的预警次数，$R(t)$代表共享服务中心每天解除预警的次数，β代表附表 1 中财务共享服务中心预警事项发生的概率，γ 代表财务共享服务中心每天解除预警的概率。

2. 仿真结果

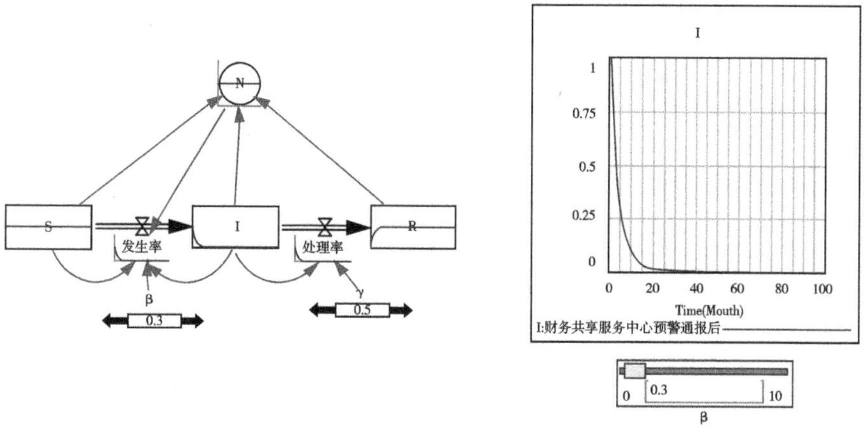

图 6–6　传染病预警仿真结果

当预警事项发生的概率为 30%，处理的概率为 50% 时，财务共享服务中心预警通报次数随时间变化的仿真结果如图 6–6 所示。可以看出，当预警事项的发生率为 30%，低于处理率 50% 时，预警次数 I 随着时间的推移，呈不断下降的趋势，最终能得到有效的控制。

当预警事项发生的概率为 50%，处理的概率为 70% 时，财务共享服务中心预警通报次数随时间变化的仿真结果如图 6-7 所示。可以看出，当预警事项的发生率为 50%，低于处理率 70% 时，预警次数 I 随着时间的推移，呈不断下降的趋势，能得到有效的控制。

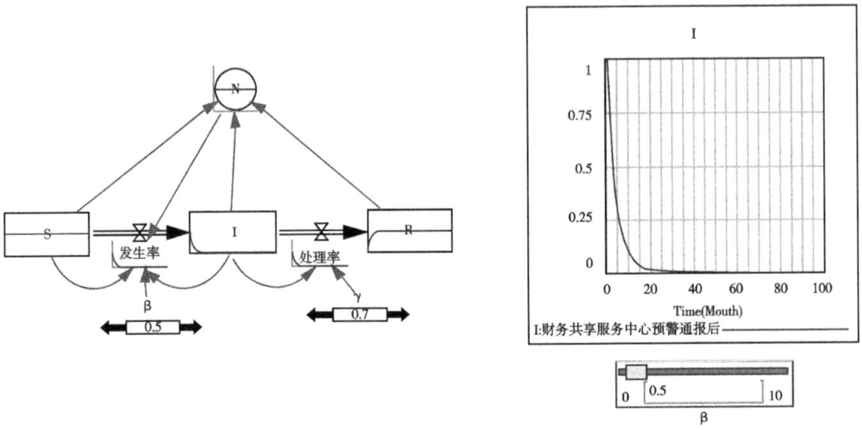

图 6-7 财务共享服务中心预警通报次数随时间变化仿真结果 a

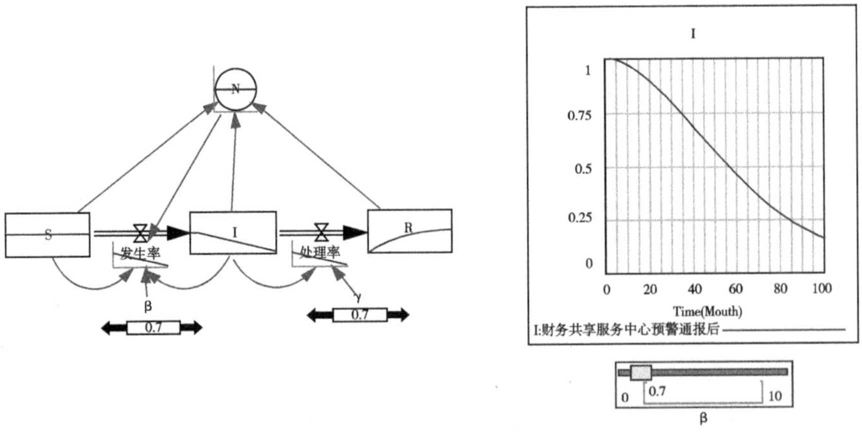

图 6-8 财务共享服务中心预警通报次数随时间变化的仿真结果 b

当预警事项发生的概率为 70%，处理的概率为 70% 时，财务共享服务中心预警通报次数随时间变化的仿真结果如图 6-8 所示。可以看出，当预警事项的发生率等于处理率，均为 70% 时，预警次数 I 随着时间的推移，呈不断下降的趋势，但下降趋势较为缓慢，且未得到有效控制。

因此，财务共享模式下的风险预警通报是非常有必要的，且处理率与发生率的高低，也会极大地影响风险防控的效果。降低风险事项的发生概率，提升预警通报事项的处理与解决效率，能促进集团公司在财务共享模式下有效地防控风险。

通过加强财务共享模式下的风险预警与防控，能够实现现有资源的科学分配，提高资源使用效率，为企业创造更多效益。在实际工作中，应高度重视风险防控与预警管理工作，结合风险管理制度的要求，建立健全科学的风险预警机制，加强风险预警和危机防范，通过预警结果，及时采取措施应对风险，增强综合发展实力，为企业健康发展奠定基础。

（三）智能决策引擎

通过财务共享服务中心的数据中心、监控中心、预警中心、数据分析中心等的相互结合，为集团公司提供实时、智能、高性能的决策。

1. 预警过程中可能出现的问题

共享服务中心工作人员与外部人员反复沟通、时效低，后续修改相应数据麻烦、容易出错，造成追责困难。

财务共享服务中心缺少可视化辅助设计工具，策略设计无法整体把控，缺少策略 / 决策流监控评估，缺少自动化运营工具，缺少支持 AI 模型训练预测，缺少指标挖掘与应用。

2. 智能决策解决方案

通过智能决策引擎，产品完全面向业务，可以对业务人员集中管理，决策流设计可视化（如图 6–9 所示）。运营更省心，决策流执行监控，决策流评估，可实现自动化运营。深度挖掘与分析，适用于高并发，解决每秒数万次的高并发场景。

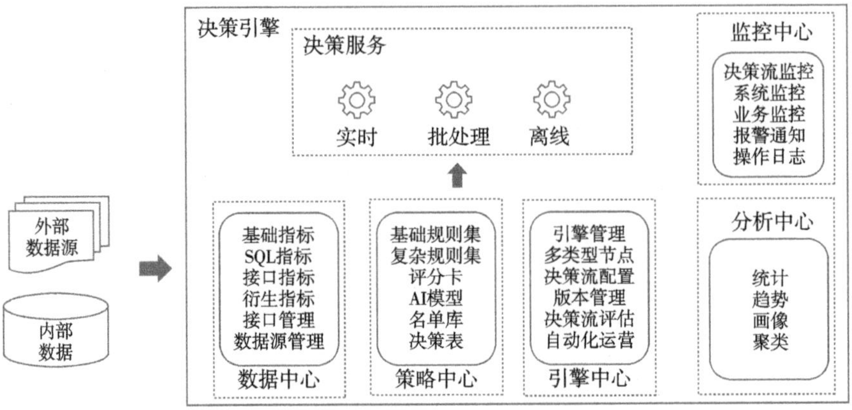

图 6-9　智能决策解决方案流程图

3. 以数据挖掘为基础的智能风控

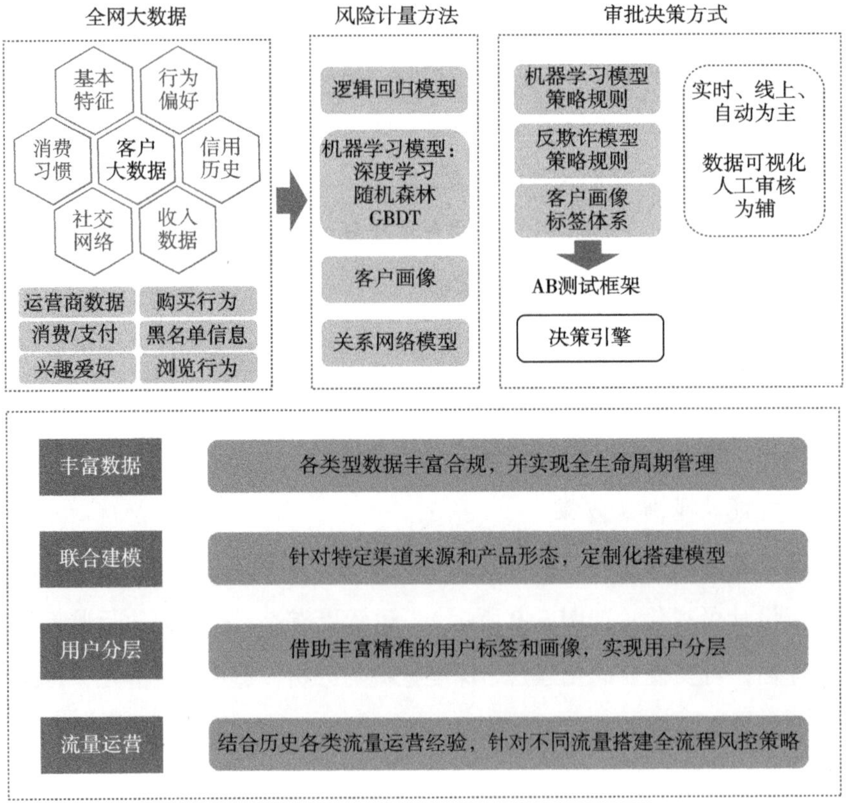

图 6-10　智能风控方案图

随着《数据安全法》等法律法规的出台，对数据安全提出更高要求，如何合法合规进行数据交互非常重要。由于缺乏业主外部数据，外部用户拓展与存量用户运营成为亟须解决的难题。业主差异大，难以用同一种标准化产品解决风控问题。集团自营业务未经流量平台风控过滤，风险较高，因此整合用户外部数据要素的甄选、清洗、挖掘、建模尤为关键。

通过数据挖掘分析，可将数据挖掘成各类标签、画像，建立各类模型，对财务共享模式下业务的全生命周期理解深入，全程参与项目开发和方案制定（如图 6-10 所示）。

4. 智能交易监控

智能交易监控的痛点有以下七点：

缺乏一体化平台。各类功能通过不同平台进行实现，从数据的处理到智能决策，缺乏一体化平台。

可扩展性差。对新技术的支持性比较差。随着数字化转型，像一些区块链、分布式、大数据等新技术的迅猛发展，现有的监控手段是没有办法满足新兴技术的监控需要的。

对技术人员依赖性强。规则调整及部署，需要依赖技术人员代码实现。

方式原始粗放。需要技术人员通过 sql 数据库提取数据，进行分析。效率低下且分析能力较弱。

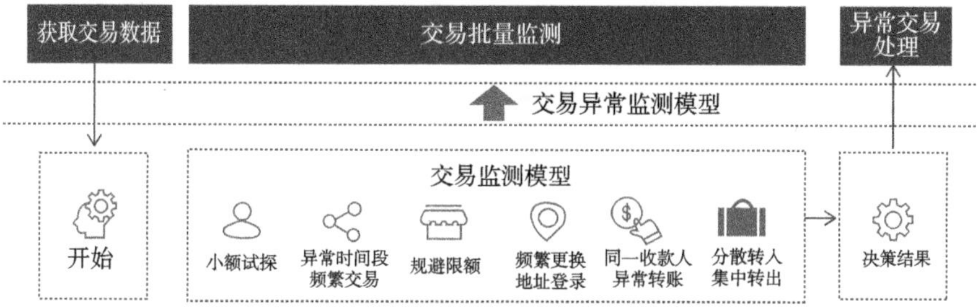

图 6-11 智能交易监控的解决方案

智能交易监控痛点的解决方案如下：

一体化平台。从数据的处理到智能决策，一体化平台实现，不需要繁复地部署强大的数据处理能力。从数据的挖掘，到模型搭建，到流式计算，关联图谱，为业务提供强大技术支持。

突出服务化。深耕监控自服务的功能，支持业务人员部署调整规则策略，而不需要依赖技术人员。

智能化响应。通过大数据技术能够使用多指标定位算法，提高根因分析能力和动态机械的准确性。

智能交易监控点的解决方案简易图如 6–11 所示。

第七章　总结

由于我国财务共享服务中心起步较晚，理论知识不完善，财务共享服务中心的构建应该包含哪些系统，财务共享服务中心应当如何运行，传统财务在财务共享服务中心应该如何分割等等，这些都是困扰管理者的问题。财务共享服务中心串联整个企业功能，疏于风险管理，很可能会导致企业巨额亏损，因此，财务共享服务中心的风险管理是保证整个企业顺利营运的关键要素之一。

实施财务共享是一项长期而复杂艰巨的任务，受到各种因素影响，毋庸置疑也存在着诸多的风险。企业必须要对其中的风险问题提起高度重视，一旦有所疏忽会极大可能降低财务共享本应有的高成效。对标世界一流公司，我国施工企业财务共享服务中心在运营情况、战略布局、职能范围等维度亦存在一定差异，风险管控能力亟待加强。

基于此，本书主要以建筑施工企业为研究对象，从四个方面对财务共享风险防控进行了研究，具体结论及措施如下：

1. 企业财务共享模式的系统功能及效果分析。论述建立财务共享服务中心的必要性，分析财务共享模式的特点和适用范围，探析财务共享服务中心的组织模式，通过实地调研、人员访谈等调查方法，从财务共享服务中心组织结构及工作职能、财务共享服务中心业务范围和财务共享服务中心业务流程三个方面，以建筑施工企业为研究对象，具体归纳财务共享服务中心的系统功能及效果。财务共享服务中心并不改变总部以及分支机构的原先财务部的组织架构，而是分离了基础的财务核算和管理工作，整体的财务组织将划分为战略财务（总部财务）、业务财务（分子公司项目部财务）和操作型财务（财务共享服务中心），并从费用报销业务板块、采购付款板块等模块梳理和总结相应功能。在调研的基础上，总结提炼中央企业财务共享服务中心在建设、战略布局、组织模式等方面的丰富经验，为后续的深入研究奠定基础。

2. 财务共享模式下风险点识别及分类。通过分析财务共享服务战略实施的四个阶段，评估阶段、设计阶段、实施阶段和完善阶段，提出人员和文化、流程和组织、技术和系统是成功实施财务共享的六个关键要素。界定了战略、组织和执行三个层次风险。明确了实施财务共享的目标设定，主要是实现企业价值最大化、控制风险和增进企业文化建设。通过实地调研和分析，识别 A 集团公司财务共享模式下的系统风险、流程风险等风险，从原有财务管理模式风险控制、财务共享服务中心本身和外部环境存在的风险因素分析风险产生的根源。

3. 财务共享模式下风险点评价。从风险评价指标选取的原则、风险评价指标选取与分类的依据、风险评价指标的选取和风险评价指标的确定四个方面构建财务共享服务的风险评价指标体系。在指标众多、关系复杂而且缺少足够的历史数据和权威系统的评价体系的情况下，选取模糊综合评价法构建风险评价模型，结合对 A 集团公司调查问卷所获得的数据，获取指标的重要性程度，得到综合评价结果，并完成财务共享模式下风险点类别和风险后果排序，发现组织变革风险的等级最高。

4. 财务共享模式下风险防控措施。首先，通过财务共享模式下风险识别与风险评价，从信息化环境、合同管理等十二个方面，具体总结归纳了财务共享模式下风险管理存在的问题，并针对性地提出了管控措施。其次，分别采用系统动力学仿真模型和传染病模型，构建了以集团管控为主体的系统风险预警模型，提有利于企业加强风险预警和危机防范，通过预警结果，及时采取措施应对风险。最后，通过财务共享服务中心的数据中心、监控中心、预警中心、数据分析中心等的相互结合，为集团公司设计了智能决策引擎，可为企业提供实时、智能、高性能的决策。

参考文献

[1] Curtis Miller. European Shared Service Centers [J]. Internal Auditor, 1999 (05): 45-48.

[2] Ning Su, Rama Akkiraju. Shared Services Transformation: Conceptualization and Valuation from the Perspective of Real Options [J]. Decision Sciences, 2009 (08): 381-402.

[3] Martin Fahy, The Financial Future [J]. Financial Management, 2011 (3): 42-45.

[4] Derven, M.Advancing the Shared Services, [J]. Journey Through Training, 2011 (4): 57-59.

[5] Robert Gunn, Carberry David, Robert Frigo. Shared Services: Major companies are reengineering their accounting functions [J]. Management accounting, 1993 (3): 60-62.

[6] Donna Keith, Rebecca Hirschfield. The Benefits of Sharing [J]. HR Focus, 1 996 (9): 15-16.

[7] Bergeron Bryan. 共享服务精要 [M]. 北京：中国人民大学出版社，2004.

[8] Robert H Center, David S Scharfstein, Jeremy C Stein.Internal versus External Capital Markets [J]. Quarterly Journal of Economics, 1994 (4): 24-25.

[9] Uwe Kagelmann. Shared Services als alternative Organisationsform: Am Beispiel der Finanzfunktion im multinationalen Konzern [M]. Deutscher University, 2001.

[10] G Stathis Gould, Martin Fahy. Technical Matters-the Future of Finance [J]. Financial Management, 2005 (5): 17-18.

[11] Amin Hakim, Majid Gheitasi, Farzad Soltani. Fuzzy model on selecting processes in Business Process Reengineering [J]. Business Process Management Journa1, 2016(6): 22.

[12] 李少武，毕强，彭飞. 浅析财务共享模式下内部控制相关体系的构建——以中国电信广东分公司财务共享服务中心为例 [J]. 财务与会计，2012 (01)：32-34.

[13] 张庆龙. 中国企业集团财务共享服务中心：案例启示与对策思考 [J]. 会计之友，2015 (22)：2-7.

[14] 程平，赵敬兰. 大数据时代基于云会计的财务共享服务中心费用管控 [J]. 会计之

友，2016（12）：133-136.
［15］胡靖.集团财务共享模式下风险管控的挑战及应对［J］.财务与会计，2016（08）.
［16］童辰深，历妍.财务共享服务模式创新研究——中国联通财务共享服务实践［J］.会计之友，2018（03）：102-106.
［17］张敏.中兴通讯财务共享模式研究［J］.财会通讯，2018（05）：57-60.
［18］Triplett A，Scheumann J. Managing shared services with ABM. Strategic Finance［J］. 2000（8）：40-50.
［19］Frawley T，Fahy J. Revisiting the First-Mover Advantage Theory：A Resource-Based Perspective［J］. Irish Journal of Management，2006.
［20］Janssen M，Joha A. Emerging Shared Service Organizations and the Service-oriente-d Enterprise critical Management Issues［J］. Strategic Outsourcing：An International Journal，2009，16（1）：35-49.
［21］丹尼尔·C·梅尔基奥尔.服务共享：管理者之旅［M］.大连：大连出版社，2009：3-4.
［22］Derven，M. Anton Joha. Emerging shared Service organizations and the Service-oriented Enterprise：Critical Management Issues［J］. Strategic Outsourcing：An International Journal，2008（1）：35-49.
［23］Martin，W. Critical Success Factors of Shared Service Projects——Results of an Empirical Study［J］. Advances in Management，2011，14（15）：21-26.
［24］Squilla B et al. Research Shared Services：A Case Study in Implementation［J］. Journal of Research Administration，2017，48（1）：86.
［25］陈虎，李颖.财务共享服务行业调查报告［M］.北京：中国财政经济出版社，2011，99-102.
［26］何瑛，周访.我国企业集团实施财务共享服务的关键因素的实证研究［J］.会计研究，2013（10）：59-66.
［27］王秋萌，袁路斯.我国企业集团实施财务共享服务的关键因素的实证研究［J］.新经济，2016（6）：3-5.
［28］杨寅，赵立彬.财务共享服务中心构建的关键影响因素分析［J］.财会通讯，2016（2）：58-62.
［29］张媛媛.企业集团财务共享服务实施的关键因素及实践分析［J］，财经界（学术版），2016（02）：104.
［30］胡嘉，刘碧民，唐辉."互联网+"时代的会计信息化新发展——以四川长虹搭建财务云为例［J］.会计之友，2017（7）.
［31］何瑛.企业财务流程再造新趋势.财务共享服务［J］.财会通讯，2010：10-13.
［32］张复生.COSO 框架下企业风险管理［J］.财会通讯，2011（31）：98-99.

[33] 翟文军. 实施财务共享服务的风险识别与防范 [J]. 国际商务财会，2011（02）：73-75.
[34] 何瑛. 基于云计算的企业集团财务流程再造的路径与方向 [J]. 管理世界，2013（4）：182-183.
[35] 姚丹靖，金颖，汪雅琼. 财务共享服务中心模式下的内控深化建设与实施应用 [J]. 华东电力，2014（09）：177-179.
[36] 胡靖. 集团财务共享模式下风险管控的挑战及应对 [J]. 财务与会计，2016（08）：56.
[37] 郭高路. 企业财务共享服务中心建设的风险与控制研究 [J]. 新经济，2016（09）：46.
[38] 寇武强. 财务共享服务中心的风险管理研究——以 A 集团公司为例 [J]. 中国总会计师，2016（12）：58-60.
[39] 宋明桂，张庆. 关于财务共享服务的文献探究 [J]. 中国集体经济，2018（28）：94-95.
[40] 何瑛. 企业为财务流程再造新趋势：财务共享服务 [J]. 财会通讯，2010（2）：110-113.
[41] 王秀萍，张添翼. 财务共享服务存在的缺陷及其化解 [J]. 财会月刊，2012（20）：70-71.
[42] 姚丹靖，金颖，汪雅琼，沈海蓉，张武忠. 财务共享服务中心模式下的内控深化建设与实施应用 [J]. 华东电力，2014，42（09）：1902-1906.
[43] 杜增龙. 生产型企业财务共享服务中心内部风险控制初探 [J]. 财经界（学术版），2016（20）：175-307.
[44] 陈秉正. 公司整体化风险管理 [M]. 清华大学出版社，2013.
[45] 李三喜，徐荣才. 3C 框架：全面风险管理标准 [M]. 中国市场出版社. 2007.
[46] 张庆龙，董皓，潘丽靖. 财务转型大趋势：基于财务共享与司库的认知 [M]. 电子工业出版社，2018.
[47] 陈超. 论财务共享服务中心对建筑施工企业财务风险管理的防范与管控 [J]. 财会学习，2019，212（03）：22-23.
[48] 赵伯廷，许珍珠. 施工企业资金风险及其预警控制探析——基于 A 公司资金管理工作的思考 [J]. 中国市场，2016（30）：147-152，154.
[49] 李洁. 财务共享模式下内部控制新问题及其对策 [J]. 当代会计，2020，98（14）：147-148.
[50] 王永祥. 论企业数据安全保护方案 [J]. 网络安全技术与应用，2010.
[51] 杨志华. 财务管理软件的数据安全性研究 [J]. 中国集团经济，2012（3）.
[52] 彭莉. 网络财务信息安全问题研究 [D]. 西安：西安科技大学，2007.

[53] 李亚静，李冰，王娜. 企业信息化安全管理探讨 [J]. 中国新通信，2016，18（13）：34-35.

[54] 程衡，王哗. 试谈财务共享服务的企业信息系统协同整合问题 [C]. 电力行业信息化年会论文集，2011.

[55] 吴文静，鞠敏，施曾艳，高岩. 基于 RFID 的财务共享服务中心固定资产管理研究——以油田企业为例 [J]. 科学与管理，2020，40（1）：63-67.

[56] 张敏，付建华，周钢战. 智能财务基础——数智化时代财务变革实践与趋势 [M]. 中国人民大学出版社，2021.

[57] 李耀峰. 财务共享服务本土化研究 [D]. 西安：西安建筑科技大学，2012.

[58] 陈小鹏. 财务共享服务中心人才能力特征与培养：基于 Z 公司的经验 [J]. 财务与会计（理论版）.2013（5）.

[59] 张爱民，蔡剑锋. 财务共享服务中心实施中的人力资源管理和架构策略 [J]. 商业会计，2014（3）.

[60] 贾萍. 兰州三毛实业股份有限公司应收账款风险预警机制研究 [D]. 兰州大学，2012.

[61] 张莉. 试析如何设计应收账款回收风险预警制度 [J]. 中外企业家，2020，669（07）：44-45.

[62] 生辉. 新会计准则下施工企业会计核算中的风险控制 [J]. 会计师，2012，12：23-24.

[63] 贾小强、郝宇晓、卢闯. 财务共享的智能化升级：业财税一体化的深度融合 [M]. 人民邮电出版社，2020.

附件1　实施财务共享的风险专家调查函询

您好！非常感谢您在百忙之中参与此次专家调查，本次调查结果仅用于学术研究。本研究旨在对贵集团实施财务共享的过程中可能存在的关键风险因素进行分析与防控。作为行业专家，希望您能给出相应的建议与指导。

本次专家调查主要应用于专家调查法，需要对各位专家进行多次函询，直至意见趋于统一。本次调查不会泄露您的相关信息，请您放心作答，期待您的回函，谢谢！

1. 您的专家类别？风险专家还是会计专家？

2. 您对于贵集团实施财务共享有怎样的看法，是利大于弊还是弊大于利？

3. 您认为贵集团实施财务共享的过程中是否可能会存在一些风险？

4. 您认为贵集团实施财务共享的过程中面临的风险有哪些类别？

5. 您认为贵集团实施财务共享的过程中面临的风险类别中具体包含哪些项目？

6. 您认为贵集团实施财务共享的过程中面临这些风险的原因是什么？

7. 您认为贵集团实施财务共享的过程中面临的风险可能会造成哪些后果？

8. 您认为贵集团应该如何防控实施财务共享的过程中面临的风险？

非常感谢您的回答！汇总所有专家结果后会再次向您进行函询，再次感谢您的配合！

附件 2　实施财务共享的风险调查问卷

您好！本问卷调查将用于学术研究。本研究旨在对贵集团实施财务共享的过程中可能存在的关键风险因素进行分析与防控。我们将根据您的回答进行定量分析，并根据分析结果为贵集团实施财务共享所面临的主要风险类别提出相应的风险防控对策，以期有助于集团公司财务共享服务中心的发展。

本问卷采用匿名方式，对您提供的资料完全保密。答案无对错之分，请根据您的实际情况作答。您的回答将为我们提供宝贵的资料，非常感谢您对学术研究的支持！

1. 您是否参与过有关财务共享的实施或管理工作？［单选题］

○是

○否

2. 您认为贵集团实施财务共享面临的风险问题重要吗？［单选题］

○很重要

○一般重要

○不太重要

3. 您认为贵集团财务共享的实施整体风险水平如何？［单选题］

○风险程度很低

○风险程度低

○风险程度中等

○风险程度高

○风险程度很高

4. 战略规划风险［矩阵量表题］

	风险程度				
	低	较低	一般	较高	高
职能定位的转变					
管理层重视程度					
服务质量与成本的平衡					
业务范围界定					
中心选址地点					

5. 组织变革风险［矩阵量表题］

	风险程度				
	低	较低	一般	较高	高
组织管理制度制定					
组织权限的合理性					
业财融合程度					

6. 人员变革风险［矩阵量表题］

	风险程度				
	低	较低	一般	较高	高
人员对财务共享的认识					
人员的考核发展					
人员的专业素质					
人员操作的规范性					

7. 业务流程风险［矩阵量表题］

	风险程度				
	低	较低	一般	较高	高
流程设计的合理性					
流程运转的实时性					
流程优化的及时性					

8. 系统建设风险

	风险程度				
	低	较低	一般	较高	高
系统的安全性					
系统的稳定性					
新系统的开发应用					

9. 税务法律风险［矩阵量表题］

	风险程度				
	低	较低	一般	较高	高
税务稽核难度					
法律法规的了解程度					

调研到此结束！感谢您的帮助与支持！

附表1　财务共享服务中心预警事项清单

业务类型	序号	预警内容	预警时间	预警级别	预警对象
合同管理	1	合同单位与结算单位不一致	按天预警	黄色预警	项目业务部门负责人、财务部门负责人、法人单位业务部门负责人、财务部门负责人
	2	劳务队代购材料	按天预警	黄色预警	项目经济管理部门负责人、财务部门负责人、法人单位经济管理部门负责人、财务部门负责人
资金管理	3	对收取业主、上下级单位款项以外的资金要求附报收款内容说明材料，发现三级及以下单位无收款说明或解释不合理的	实时预警	橙色预警	法人单位财务部门负责人、总会计师
	4	对股份系统外单位出借资金	按天预警	橙色预警	项目财务部门负责人、项目经理、法人单位财务部门负责人、总会计师、主管领导
	5	股份系统内拆借资金	按天预警	黄色预警	项目财务部门负责人、项目经理、法人单位财务部门负责人、总会计师
	6	抽逃注册资本金	按天预警	橙色预警	集团公司财务部门负责人、总会计师
	7	股份公司系统内三级公司及以下单位购买银行理财产品	实时预警	橙色预警	集团公司财务部门负责人、总会计师
薪酬管理	8	未按月计提工资	月度预警	黄色预警	法人单位财务部门负责人、薪酬管理部门负责人、总会计师、主管领导
	9	挪用社保资金（单位自管部分社保资金）	按天预警	橙色预警	法人单位财务部门负责人、社保部门负责人、总会计师、主管领导
	10	大额异常经费报销款	按天预警	橙色预警	法人单位财务部门负责人、总会计师
	11	非本单位人员领取工资、非在岗人员领取全勤工资（按劳动法要求的除外）	按天预警	橙色预警	法人单位人力资源部门负责人、财务负责人和总会计师

续表

业务类型	序号	预警内容	预警时间	预警级别	预警对象
资产管理	12	公司车辆、设备、房产、机械设备等产权或者发票为个人、外部单位	按天预警	橙色预警	法人单位资产管理部门负责人、法律部门负责人、财务部门负责人、总会计师及主管领导
	13	固定资产投资超过预算总额	实时预警	黄色预警	法人单位资产管理部门负责人、财务部门负责人
	14	已提足折旧未报废资产	年度预警	橙色预警	法人单位资产管理部门负责人、财务部门负责人
收入成本	15	原材料、预付账款余额超限额（原材料铁路不超过合同3%，其他不超过2%；预付为合同1%且不超过500万元）	季度预警	橙色预警	法人单位财务部门负责人、总会计师
	16	非正常冲成本业务	按天预警	黄色预警	法人单位财务部门负责人、总会计师
	17	毛利率低于测评水平单位预警	季度预警	黄色预警	法人单位业务部门负责人、财务部门负责人、总会计师、主管领导
大额亏损	18	对应收客户合同工程款（风险敞口）大于2000万元的项目、垫资500万元	月度预警	黄色预警	法人单位财务部门负责人、经济管理部门负责人、总会计师和主管领导
	19	对应收客户合同工程款（风险敞口）大于3000万元的项目、垫资2000万元	月度预警	橙色预警	局处两级法人单位财务部门负责人、经济管理部门负责人、总会计师和主管领导
	20	对应收客户合同工程款（风险敞口）大于5000万元的项目、垫资5000万元	月度预警	红色预警	局处两级法人单位财务部门负责人、经济管理部门负责人、总会计师和主管领导，股份公司决算负责人、财务部门负责人、经济管理部门负责人、总会计师和主管领导
	21	合同毛利为负数	季度预警	黄色预警	法人单位财务部门负责人、经济管理部门负责人、总会计师和主管领导
	22	合同毛利为负数500万元及以上	季度预警	黄色预警	局处两级法人单位财务部门负责人、经济管理部门负责人、总会计师和主管领导
	23	合同毛利为负数1000万元及以上	季度预警	红色预警	局处两级法人单位财务部门负责人、经济管理部门负责人、总会计师和主管领导，股份公司财务部门负责人、经济管理部门负责人

续表

业务类型	序号	预警内容	预警时间	预警级别	预警对象
	24	合同毛利为负数占开累收入5%及以上	季度预警	橙色预警	局处两级法人单位财务部门负责人、经济管理部门负责人、总会计师和主管领导
	25	合同毛利为负数占开累收入10%及以上	季度预警	红色预警	局处两级法人单位财务部门负责人、经济管理部门负责人、总会计师和主管领导，股份公司决算负责人、财务部门负责人、经济管理部门负责人
八项规定	26	招待费超标准、不合规	实时预警	黄色预警	法人单位财务部门负责人
	27	差旅费超标准超预算	按天预警	黄色预警	法人单位财务部门负责人
	28	超标准发放职工福利	按天预警	黄色预警	法人单位财务部门负责人
	29	购置、新建办公场所，附件资料不全的	按天预警	黄色预警	法人单位业务部门负责人、财务部门负责人、主管领导
	30	购置、新建办公场所，超过预算	按天预警	黄色预警	法人单位业务部门负责人、财务部门负责人、主管领导
	31	购置、新建办公场所，超过预算总额的10%时（股份公司）	实时预警	橙色预警	局处两级法人单位业务部门负责人、财务部门负责人、总会计师、主管领导
投融资	32	新设公司注资，付款时附件或者签字不齐全	按天预警	橙色预警	法人单位产权管理部门负责人、财务部门负责人、主管领导
	33	BT项目成立时，未履行三重一大决策程序	按天预警	橙色预警	法人单位财务部门负责人、资本运营部门负责人、总会计师、分管资本运营领导、主管领导
	34	BT项目回购逾期未收回	实时预警	橙色预警	法人单位财务部门负责人、资本运营部门负责人、总会计师、分管资本运营领导、主管领导
	35	BT项目回购未落实，未严格执行《项目（BT）业务事项办理承诺表》	实时预警	橙色预警	法人单位财务部门负责人、资本运营部门负责人、总会计师、分管资本运营领导、主管领导
	36	产业基金《合作协议》中约定固定收益	按天预警	橙色预警	法人单位财务部门负责人、资本运营部门负责人、总会计师、分管资本运营领导、主管领导

续表

业务类型	序号	预警内容	预警时间	预警级别	预警对象
	37	产业基金《合作协议》中有明确的到期年限	按天预警	橙色预警	法人单位财务部门负责人、资本运营部门负责人、总会计师、分管资本运营领导、主管领导
	38	项目公司收款时的银行进账单与项目现金流测算表不吻合	月度预警	橙色预警	法人单位财务部门负责人、资本运营部门负责人、总会计师、分管资本运营领导、主管领导
	39	产业基金成立时未经过三重一大决策程序，未严格执行《产业基金业务事项办理承诺表》	按天预警	橙色预警	法人单位财务部门负责人、资本运营部门负责人、总会计师、分管资本运营领导、主管领导
	40	产业基金投资项目公司的资金回收金额小于或回收时间晚于现金流测算表	月度预警	橙色预警	法人单位财务部门负责人、资本运营部门负责人、总会计师、分管资本运营领导、主管领导
	41	股权投资出资业务附件不齐全、公司章程不合法或者显失公平	按天预警	橙色预警	法人单位财务部门负责人、投资管理部门负责人、法律部门负责人、总会计师、分管投资领导、主管领导
	42	收到股权转让价款业务附件不齐全、公司章程不合法或者显失公平、未严格执行《股权转让业务事项办理承诺表》	按天预警	橙色预警	法人单位财务部门负责人、投资管理部门负责人、总会计师、分管投资领导
	43	股权转让价款未按《股权转让合同》约定条款的到期日收回	按天预警	橙色预警	法人单位财务部门负责人、投资管理部门负责人、总会计师、分管投资领导
	44	固定资产建设投资，付款时附件资料不全	实时预警	橙色预警	法人单位经营计划部门负责人、主管领导
	45	固定资产建设投资达到预算总额	按天预警	黄色预警	固定资产建设单位经营计划部门负责人、主管领导
	46	固定资产建设投资超过预算总额 10%	实时预警	橙色预警	法人单位经营计划部门负责人、主管领导
	47	资产评估机构未选择在股份公司公布的评估机构备选库	实时预警	橙色预警	法人单位财务部门负责人、总会计师、主管领导

续表

业务类型	序号	预警内容	预警时间	预警级别	预警对象
	48	评估报告未经股份公司备案，备案表法人单位签字不齐全	实时预警	橙色预警	法人单位财务部门负责人、总会计师、主管领导
	49	财务顾问费、中介咨询费支付业务附件不齐全	实时预警	黄色预警	业务经办人、财务部门负责人
内控管理	50	发现有岗位设置职能交叉、缺失或权责过于集中的现象	实时预警	黄色预警	业务单位财务部门负责人、主管领导
	51	审核付款业务时发现未按规定审批或备案的事项	实时预警	黄色预警	业务经办人、财务部门负责人、业务部门负责人、单位主管领导
清退中介	52	劳务队验工计价结算出现“中介”费用	按天预警	黄色预警	法人单位经营管理部门负责人、经济管理部门负责人、财务部门负责人、总会计师、主管领导
	53	付款业务出现“中介”	按天预警	黄色预警	法人单位经营管理部门负责人、财务部门负责人、总会计师、主管领导
	54	咨询费付款业务附件不完整的	按天预警	黄色预警	法人单位相关业务部门负责人、财务部门负责人、总会计师、主管领导
	55	无合同条款约定或者无合同预付款，超合同进度预付款	按天预警	黄色预警	法人单位经营管理部门负责人、财务部门负责人、总会计师、主管领导
	56	项目劳务队清退时，无上级部门审批清退报告	实时预警	黄色预警	法人单位经济管理部门、财务部门负责人
	57	收回队伍实物资产附件资料不全	实时预警	黄色预警	法人单位经济管理部门负责人、设备管理部门负责人、财务部门负责人、总会计师
劳务队伍管理	58	发票的销货方名称与合同单位名称不一致	实时预警	黄色预警	项目部业务部门负责人、财务部门负责人、法人单位业务部门负责人、财务部门负责人
会计核算	59	备用金到期前一周（3个月到期）	按天预警	黄色预警	本人及所在单位财务部门负责人
	60	挂账6个月以上的预付设备款	月度预警	黄色预警	法人单位财务部门负责人、物资设备部门负责人
	61	挂账一年以上的应收款项	月度预警	黄色预警	法人单位财务部门负责人
	62	有研发立项而未归集研发支出的项目	月度预警	黄色预警	法人单位科技部门负责人、财务部门负责人

续表

业务类型	序号	预警内容	预警时间	预警级别	预警对象
	63	年末关账时，系统自动检测损益科目未结转的项目	按天预警	黄色预警	法人单位财务部门负责人
债务风险	64	单个供应商应付账款账龄超过一年且余额超过 1000 万元，进行提示	月度预警	黄色预警	法人单位财务部门负责人、业务部门负责人、法律事务部门负责人、总会计师、业务部门分管领导、主管领导
清收清欠	65	支付四类保证金以外的保证金	实时预警	橙色预警	法人单位财务部门负责人、相关部门负责人、业务部门分管领导、总会计师
	66	投标保证金到期一周前	按天预警	黄色预警	项目财务部门负责人、项目负责人、法人单位财务部门负责人、清欠部门负责人、经营计划部门负责人、总会计师
	67	其他保证金到期一周前	按天预警	黄色预警	法人单位财务部门负责人、相关部门负责人、总会计师
	68	无合同或者无交易实质支付预付款和保证金	实时预警	黄色预警	法人单位财务部门负责人、总会计师、主管领导
	69	应收款项大于 500 万元挂账超过 6 个月	月度预警	黄色预警	项目财务部门负责人、法人单位财务部门负责人、清欠部门负责人、总会计师
	70	大额资金支付，未按照合同条款办理	实时预警	黄色预警	项目财务部门负责人、项目负责人、法人单位财务部门负责人、清欠部门负责人、总会计师

附表 2　财务共享服务中心通报事项清单

业务类型	序号	通报内容	通报时间	通报方式	通报对象
合同管理	1	未签订承揽合同（与业主）先上场施工	季度通报	网上公开	集团范围内
	2	无合同结算、付款时，提供“专项审批报告”	月度通报	网上公开	集团范围内
	3	“合同签订承诺表”未填报、填写不全，出现“否”，内容不一致，承诺与实际不符等情况	月度通报	网上公开	集团范围内
	4	结算单位与合同单位不一致	季度通报	网上公开	集团范围内
	5	劳务队代购材料款	季度通报	网上公开	集团范围内
	6	未签订合同或超合同约定进度支付预付款	月度通报	网上公开	集团范围内
	7	“收款委托书”或“债权转让书”	月度通报	网上公开	集团范围内
	8	未能及时收取履约金、保证金的合同	月度通报	网上公开	集团范围内
资金管理	9	外部拆借资金、职工集资	月度通报	网上公开	集团范围内
	10	对股份系统外单位出借资金	月度通报	网上公开	集团范围内
	11	对股份系统内单位出借资金	月度通报	网上公开	集团范围内
	12	现金期末余额超过 1 万元，发生额（借方）排序前十名	月度通报	网上公开	集团范围内
薪酬管理	13	“应付职工薪酬”科目借方无发生额	季度通报	网上公开	集团范围内
	14	挪用社保基金用于生产经营	月度通报	网上公开	集团范围内
资产管理	15	未经股份公司审批选择库外评估机构、未取得股份公司批复文件、未按规定实施资产评估并经总公司备案、未在国资委规定的产权交易所进行公开挂牌转让	季度通报	网上公开	集团范围内
	16	公司车辆、设备、房产、机械设备等产权或者发票为个人、外部单位	月度通报	网上公开	集团范围内
物资管理	17	未按规定上传存货资产盘点表	月度通报	网上公开	集团范围内

续表

业务类型	序号	通报内容	通报时间	通报方式	通报对象
大额亏损	18	应收客户合同工程款大于 2000 万元、垫资大于 500 万元	季度通报	线下专题	财务部、经济管理部、总会计师和主管领导
账外账	19	企业出资新设公司，附件不全或不一致，或股权登记在个人名下	月度通报	网上公开	集团范围内
投融资	20	BT 项目审批手续不齐全	季度通报	网上公开	集团范围内
	21	BT 项目回购款未按照合同约定回款	季度通报	网上公开	集团范围内
	22	BT 项目未完全执行《BT 项目业务事项办理承诺表》	季度通报	网上公开	集团范围内
	23	股权转让未完全执行《对外投资业务事项办理承诺表》	季度通报	网上公开	集团范围内
	24	股权转让资金回收不及时	季度通报	网上公开	集团范围内
	25	对外投资、出资时附件资料不齐全，公司章程不能维护我方权益，到期未能收回股权转让价款，	季度通报	网上公开	集团范围内
内控管理	26	决策批复与实际实施的时间顺序不合理	月度通报	网上公开	集团范围内
清退队伍	27	劳务队清算未上级审批的清退审批报告	月度通报	网上公开	集团范围内
	28	收回队伍实物资产时未附件不全	月度通报	网上公开	集团范围内
劳务队伍管理	29	发票的销货方名称与合同单位名称不一致	月度通报	网上公开	集团范围内
	30	一般计税项目委托收款	月度通报	网上公开	集团范围内
会计核算	31	账表不一致，核对单户表和账面余额关键指标	季度通报	线下专题	各级财务决算人员、财务主管和总会计师
	32	备用金整借整还、超范围开支	月度通报	网上公开	集团范围内
	33	备用金超过 3 个月的	月度通报	网上公开	集团范围内
	34	备用金发生额和余额排序，通报前十名	月度通报	网上公开	集团范围内
	35	固定资产超过 3 个月未组资，实际组资时间和发票时间	月度通报	网上公开	集团范围内
	36	人为少计或多计成本	月度通报	网上公开	集团范围内
	37	年末关账，损益类科目未结转	年度通报	网上公开	集团范围内

续表

业务类型	序号	通报内容	通报时间	通报方式	通报对象
债务风险	38	暂时无法签订合同但需办理结算或收付款等特殊事项的统计	月度通报	网上公开	集团范围内
清欠方面	39	缴纳四类保证金以外的保证金	月度通报	网上公开	集团范围内
	40	保证金逾期通报	月度通报	网上公开	集团范围内
	41	项目垫资	月度通报	网上公开	集团范围内
	42	无合同或者无交易实质支付预付款和保证金	月度通报	网上公开	集团范围内
	43	账龄超过一年的应收款项	月度通报	网上公开	集团范围内
其他	44	“期末关账清单工作已完成承诺表”未提供或填报有“否”的事项	季度通报	网上公开	集团范围内

后 记

由于我国财务共享服务中心起步较晚，理论知识不完善，财务共享服务中心的构建应该包含哪些系统，财务共享服务中心应当如何运行，传统财务在财务共享服务中心应该如何分割等等，这些都是困扰管理者的问题。如何建设运作成本合理，运作高效的财务共享服务中心更是成为国内企业会计信息化道路上一道难题。

本书主要以建筑施工企业为研究对象，基于业务流程再造理论、组织结构扁平化理论、资源优化配置理论、财务管理理论、集团管控理论和风险管理理论等理论，从企业财务共享模式的系统功能及效果分析、财务共享模式下风险点识别及分类、财务共享模式下风险点评价和财务共享模式下风险防控措施等四个方面，对财务共享风险防控进行了研究，旨在为建筑企业提供切实的借鉴和前瞻性的思考。

本书共有七章和附录，由高越月和董香兰主要负责完成，参与研究的有王雁、吴波、邱瑞宏、张涛、张敬明、张洋、郝凯、程洪、郭运华、于传港、唐重庆、张元刚、王宇锋、邱振超、常凯、吴金纺、万松芬、窦阳、刘玉振等。大家齐心合力，圆满完成了该研究任务。

本书的研究和出版过程中，得到石家庄铁道大学管理学院的支持，以及经济日报出版社在校正和出版等方面严谨细致的把关和大力帮助，特此感谢！

随着中国经济转型和产业升级的加速，以及数字经济时代的发展，财务共享风险呈现出复杂性和多变性特点，财务管理模式创新层出不穷。由于作者水平有限，不足之处在所难免，敬请读者批评指正。